Agnès Roubille
Luciana Ziglio

Gehirnjogging Französisch

Hueber Verlag

3. 2. 1. | Die letzten Ziffern
2015 14 13 12 11 | bezeichnen Zahl und Jahr des Druckes.
Alle Drucke dieser Auflage können, da unverändert, nebeneinander benutzt werden.
1. Auflage

Umschlaggestaltung: Parzhuber und Partner, München
Fotogestaltung Cover: wentzlaff | pfaff | güldenpfennig kommunikation gmbh, München
Coverfoto: © fotolia/Peter Hansen
Zeichnungen: © Paola Giovinazzo, Trento
Redaktion: Stephanie Pfeiffer, Hueber Verlag, Ismaning
Layout: Erwin Schmid, Hueber Verlag, Ismaning
Satz: Büro Sieveking, München
Druck und Bindung: Ludwig Auer GmbH, Donauwörth
Printed in Germany
ISBN 978-3-19-107931-4

Gehirnjogging Französisch verbindet auf unterhaltsame Weise das Erlernen der Fremdsprache – v. a. der Vokabeln – mit bewährten Techniken des Gedächtnistrainings. Die angebotenen spielerischen Übungen helfen dabei, die Sprachkenntnisse zu verbessern, den Wortschatz langfristig im Gedächtnis einzuprägen sowie Lesestrategien zu verbessern und logisches Denken zu testen.

Die dabei angewendeten Merktechniken lassen sich natürlich unabhängig von den hier angebotenen Übungen und Inhalten auch auf andere Kontexte des Fremdsprachenlernens sowie auch des Alltagsgedächtnisses übertragen.

Gehirnjogging Französisch wendet sich sowohl an Selbstlerner, als auch an Kursteilnehmer, die bereits mit dem Französischlernen begonnen haben. Die in den Übungen vorkommenden Vokabeln, Themen und Strukturen bewegen sich innerhalb der Niveaus A1-A2 des Gemeinsamen Europäischen Referenzrahmens für Sprachen.

Zum Aufbau von **Gehirnjogging Französisch:**
Bevor die Übungen beginnen, wird kurz auf die Funktionsweise unseres Gehirns und Gedächtnisses eingegangen (S. 7–13). Daran schließt eine Reihe von Erklärungen der für die Übungen nützlichen Merktechniken (Memo-Tipps) an (S. 14–22).
Auf die jeweils anwendbaren Memo-Tipps wird auch neben jeder Übung durch das Symbol ▶ **Memo-Tipp** nochmals verwiesen (z. B. ▶ **Memo-Tipp 3A**).

Die Übungen (ab S. 23) nehmen größtenteils jeweils zwei Seiten ein: Die erste (= rechte) Seite dient dabei dem Einprägen und Üben der französischen Vokabeln, Strukturen oder Texte und ist gekennzeichnet durch die Kopfzeile **MERKEN**.

Die zweite (= linke) Seite – gekennzeichnet durch die Kopfzeile **ANWENDEN** – fordert nach dem Umblättern anhand gezielter

Fragen bzw. Aufgaben dazu auf, zu testen, ob man sich alles gemerkt hat. Die Nummerierung der Übungen stimmt auf beiden, zu einer Übung gehörenden Seiten jeweils überein.

Unterbrochen werden die auf zwei Seiten angelegten Übungen hin und wieder durch sogenannte **VERSCHNAUFPAUSEN**, d. h. Übungen, die das „Jogging“ unterbrechen und die Aufmerksamkeit auf andere Bereiche der Konzentration, Logik und Aufmerksamkeit lenken.

Die Übersetzung der in den Übungen verwendeten Vokabeln befindet sich im alphabetischen Wörterverzeichnis im Anhang (ab S. 144). Evtl. unbekannte Wörter können dort jederzeit nachgeschlagen werden. Die Lösungen zu den Aufgaben erfolgen entweder durch den Zusammenhang der beiden oben beschriebenen Teilschritte der Übungen oder befinden sich im Anhang (ab S. 133).

Generell handelt es sich in diesem Buch um kurze Übungen, die keinen großen täglichen Aufwand erfordern. Man könnte sie mit einer Reihe von Schritten vergleichen, die zusammen – wie bei einem echten Trainingsprozess – eine Wegstrecke ergeben. Dabei sollte man folgende Grundregel nicht aus den Augen verlieren: Lieber öfter ein kurzes Training absolvieren, als nur einmal ein langes!

Gehirnjogging Französisch folgt der Philosophie des „Edutainments“, also dem unterhaltsamen Lernen. Denn die größte Hürde für das Lernen, das Gedächtnis und die Konzentration ist die Langeweile. Darum haben wir uns bemüht, die Übungen abwechslungsreich zu gestalten, um nicht zuletzt die Vorlieben aller Lernertypen zu berücksichtigen und gleichzeitig auch jeden Lerner mit neuen und vielleicht ungewohnten Lerntechniken zu konfrontieren.

Mehr Französisch und gleichzeitig mehr Gedächtnisleistung – das sind die Ziele, die mit Hilfe von **Gehirnjogging Französisch** auf eine ebenso spielerische wie ernstzunehmende Weise verfolgt werden. Eine doppelte Herausforderung also. Packen wir's an!

Viel Erfolg und Vergnügen wünschen

Autorinnen und Verlag

Wie funktionieren unser Gehirn und unser Gedächtnis?

Bevor wir Sie mit dem Training anfangen lassen, möchten wir Ihnen auf wenigen Seiten und mit einfachen Worten einige grundlegende Dinge zu unserem Gehirn und Gedächtnis näher bringen.

Unser Gehirn kann mit einem Muskel verglichen werden, der trainiert werden muss, damit er im Laufe der Zeit nicht seine Leistungsfähigkeit verliert. Die Neurowissenschaften bestätigten uns, dass ein wacher Geist genauso getrimmt werden muss wie unser Körper beim Sport. Eine gute mentale Fitness erreicht man also nur durch regelmäßiges Üben und natürlich auch die alltägliche Inanspruchnahme unseres Gedächtnisses.

Um sich mental fit zu halten und im besten Fall das Gehirn um ein paar Jahre zu verjüngen, helfen – neben einer bewussten Förderung und Forderung des Gehirns im Alltag – auch Gedächtnisübungen und -spiele sowie nicht zuletzt das Erlernen einer Fremdsprache.

Die Verbindung „Übung – Spiel – Gedächtnis“ erlaubt es, sich Vokabeln, Nummernreihen, Aufzählungen, Bilder, Reime und Lieder zu merken, indem beide Teile des Gehirns gestärkt werden: zum einen die Schärfung des analytischen und logischen Denkens (linke Gehirnhälfte) und zum anderen die Förderung der Fantasie und Kreativität (rechte Gehirnhälfte).

Das Gedächtnis

Wenn man von ‚Gedächtnis‘ spricht, muss man Ultrakurzzeitgedächtnis, Kurzzeitgedächtnis und Langzeitgedächtnis voneinander unterscheiden.

Das Ultrakurzzeitgedächtnis speichert und verarbeitet neue Informationen, die uns über diverse Eingangskanäle erreichen (z. B. Sinneswahrnehmungen wie visuelle oder akustische Reize, aber auch Emotionen), nur sehr kurz. Erst wenn das Ultrakurzzeitgedächtnis entscheidet, dass die eingegangene Information so wichtig ist, dass sie weiter bearbeitet werden muss – z. B. weil sie sich unserer Aufmerksamkeit aufdrängt oder weil wir uns bewusst dafür interessieren –, wird eine Weiterleitung an das Kurzzeitgedächtnis erfolgen.

Das Kurzzeitgedächtnis kann Informationen mehrere Minuten lang speichern (durchschnittlich ca. 40 Minuten). Es ist vergleichbar mit dem Arbeitsspeicher eines Computers, der ebenfalls nur eine begrenzte Kapazität hat. Das Kurzzeitgedächtnis verarbeitet Informationen, die in dem jeweiligen Augenblick von Interesse sind und muss vor dem Verarbeiten neuer Informationen wieder entleert werden. Was für uns wichtig ist und was wir unbedingt behalten wollen, müssen wir daher im Langzeitgedächtnis speichern.
Beim Lernen ist es daher wichtig, nach ca. 40 Minuten eine Pause einzulegen, damit die Informationen verarbeitet werden können und man das Kurzzeitgedächtnis nicht überfrachtet.

Das Langzeitgedächtnis hat einen unbegrenzten Speicher und behält die Informationen, die dort ankommen, dauerhaft. Wenn von Gedächtnistraining oder Gehirnjogging die Rede ist, handelt es sich darum, diesen Bereich unseres Gedächtnisses zu trimmen. Informationen, die im Langzeitgedächtnis gespeichert sind, haben entweder einen großen „Eindruck" auf uns hinterlassen (z. B. besondere Erlebnisse), wurden durch Assoziationen (z. B. zu Vorwissen) gut aufbereitet und sind daher schnell wiederauffindbar, oder wurden durch Wiederholungen (z. B. in Lernprozessen) gefestigt.

Gedächtnis und Lernen

Eine wichtige Rolle für die Entfaltung des Gedächtnisses und den Lernerfolg spielen die folgenden Faktoren: Das Lernen sollte nach Möglichkeit immer in derselben Räumlichkeit stattfinden, die gut gelüftet, erholsam und einladend ist (oft reicht schon ein wenig Musik im Hintergrund und ein bisschen Ordnung). Legen Sie eine bestimmte Zeit zum Lernen fest, an die Sie sich dann halten, wenn möglich mit einem Abstand zu Erschöpfungsphasen und Mahlzeiten. Denken Sie beim Lernen auch an angemessene Pausen und Bewegung. Trinken Sie viel Wasser, das erleichtert dem Gehirn die Arbeit, und nehmen Sie nur leichte Speisen zu sich, die den Organismus nicht belasten und damit eine für das Lernen schädliche Schläfrigkeit verhindern.

Für Ihren persönlichen Lernerfolg ist es wichtig, sich über die Lernvorlieben bewusst zu werden. Überlegen Sie, was für ein „Lerntyp" Sie sind. Beantworten Sie dafür die folgenden Fragen mit „Ja" oder „Nein".

	JA	NEIN
1. Benutzen Sie vorwiegend die rechte Gehirnhälfte (Fantasie und Gefühle)?	☐	☐
2. Benutzen Sie vorwiegend die linke Gehirnhälfte (Logik, Vernunft, Abstraktion)?	☐	☐
3. Sind Sie ein visueller Lerner? Helfen Ihnen Bilder beim Lernen?	☐	☐
4. Hören Sie beim Lernen gerne Musik?	☐	☐
5. Zeichnen Sie gerne?	☐	☐
6. Bewegen Sie sich oft, wenn Sie lernen? Stehen Sie oft auf, dehnen Sie sich, gehen Sie ein paar Schritte im Raum umher?	☐	☐

Die folgende Aufstellung verrät Ihnen, welche Memo-Tipps Ihrem Lernverhalten am nächsten kommen. Sehen Sie sich dabei nur die Memo-Tipps an, die sich auf die von Ihnen mit „Ja“ beantworteten Fragen beziehen. Sie werden sich im Folgenden bei den zu diesen Memo-Tipps gehörigen Übungen leichter tun, als bei anderen. Eine Erläuterung der genannten Memo-Tipps finden Sie ab Seite 14.

1. Frage ▶ Memo-Tipps 3B, 3C, 3E, 3G, 5, 6, 7
2. Frage ▶ Memo-Tipps 3F, 4, 8, 10
3. Frage ▶ Memo-Tipp 3E
4. Frage ▶ Memo-Tipps 3B, 3C
5. Frage ▶ Memo-Tipps 3D, 3E
6. Frage ▶ Memo-Tipp 3D

Aber warum sollte man nicht auch andere, bisher ungenutzte Techniken und Strategien ausprobieren? Sie könnten auf diese Weise positive Erfahrungen machen und neue Seiten an sich und Ihrem Lernverhalten entdecken. Vielleicht behalten Sie die eine oder andere hinzugewonnene Technik sogar in Zukunft bei.

Testen Sie auf den folgenden zwei Seiten nun Ihre Auffassungs- und Beobachtungsgabe. Die Beispielübungen zum Wörtergedächtnis enthalten an dieser Stelle noch deutsche Wörter. Sie begegnen hier nun auch der in den folgenden Übungen (ab S. 23) verwendeten Seitenaufteilung in **MERKEN** (rechte Seite) und **ANWENDEN** (linke Seite).

1. **Lesen Sie die folgenden Wörter ca. 30 Sekunden lang. Versuchen Sie dabei, sich die Wörter einzuprägen. Blättern Sie im Anschluss daran eine Seite weiter.**

Brot	Fenster	Buch	Wald	Liebe
sprechen	zwei	Berlin	Neffe	Adresse

2. **Prägen Sie sich die folgenden Wörter ein. Blättern Sie dann um.**

Arm	Bein	Kopf	Hand	Fuß
Auge	Mund	Nase	Knie	Hals

3. **Sehen Sie sich die Spielkarten eine Minute lang an.**

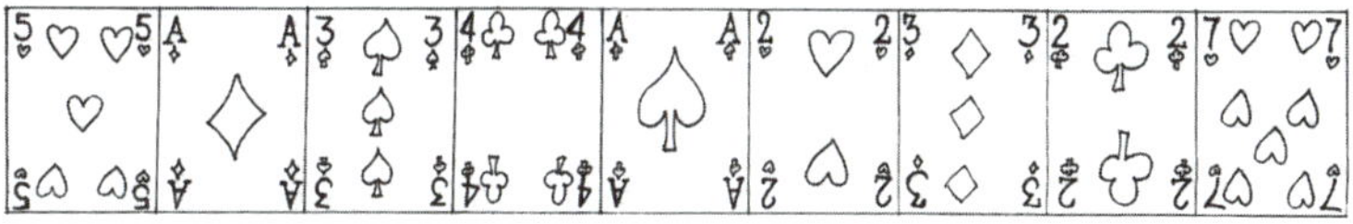

4. **Bilden Sie den Zahlenkasten in Gedanken eine Minute lang ab.**

8	0	7
2	4	9
6	5	1

1. Wie ist es Ihnen ergangen? Haben Sie sich alle Wörter gemerkt? Versuchen Sie die Wörter aufzuschreiben.

____

____

2. Unterstreichen Sie die neuen Wörter.

Mund	Hüfte	Arm	Bein	Kopf	Hand	Ellenbogen
Fuß	Auge	Nase	Knie	Lippen	Hals	Ohr

3. Welche Karten sind verschwunden?

4. Beantworten Sie die Fragen.

a. Wie lautet die Zahl in der Mitte? ____________

b. Was ergibt sich, wenn Sie die Zahlen der ersten Spalte zusammenzählen? ____________

c. Was erhalten Sie, wenn Sie die letzte Zahl von der ersten abziehen? ____________

Betrachten wir das Ergebnis der ersten beiden Aufgaben. Wenn es Ihnen gelungen ist, sich sechs oder sieben der Wörter zu merken, haben Sie schon ein recht gutes Gedächtnis.
In beiden Aufgaben war es das Ziel, sich zehn Wörter zu merken. Es handelte sich bei beiden Aufgaben um Wörter des Basiswortschatzes. Überlegen Sie nun, welche der beiden Aufgaben Ihnen einfacher vorkam und warum.
Sicherlich war die zweite Aufgabe für Sie leichter, ganz einfach deshalb, weil die Wörter sich alle im Umfeld ein und desselben Bedeutungsbereichs befinden und sich Verknüpfungen (Assoziationen) dadurch schneller bilden.
Mit den im Folgenden dargestellten Memo-Tipps wollen wir Sie unterstützen, solche Assoziationen zu bilden. Sie werden Ihnen helfen, Ihr Gedächtnis zu verbessern.

Wenn Sie die dritte und vierte Aufgabe lösen konnten, Kompliment. Falls nicht, wird Ihnen dieses Buch auch in diesem Bereich weiterhelfen, denn Sie werden Aktivitäten vorfinden, in denen Sie auch Ihre Beobachtungsgabe trainieren werden.

1. Grundregel

Beim Joggen ist es schlecht, nur einmal in der Woche vier Stunden am Stück zu trainieren. Das Gleiche gilt für das (Sprachen-) Lernen. Es ist besser, sich beständig ca. 20 Minuten am Tag anzustrengen (am besten zehn Minuten am Morgen und zehn Minuten am Nachmittag), als vier Stunden ununterbrochen an einem einzigen Tag. Und wenn Sie einmal nicht die Zeit oder die Energie haben, sich einem neuen Lernstoff – wie z. B. neuen Vokabeln – zu widmen, dann blättern Sie wenigstens ein paar Minuten Ihre Lernkartei durch (vgl. Memo-Tipp 2).

2. Lernkartei

Man lernt – besonders Vokabeln – auch, wenn man das Gelernte aufschreibt. Schreiben Sie also jede französische Vokabel, die Sie lernen möchten, auf Karteikarten.

Vorderseite

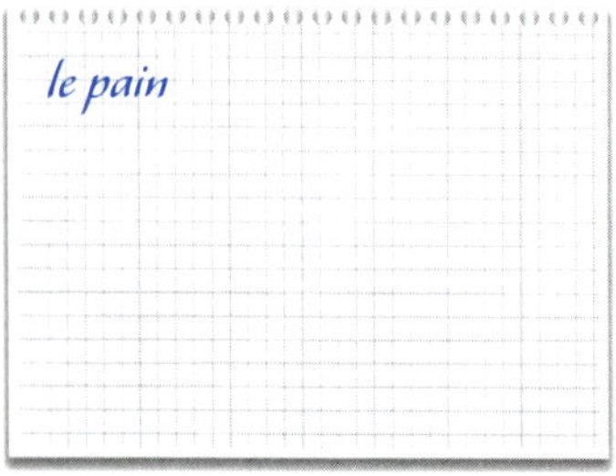

Rückseite

Bauen Sie sich auf diese Weise eine Lernkartei auf. Schreiben Sie die verschiedenen Vokabeln jeweils auf Karteikärtchen – auch mit Angaben zu Artikel, unregelmäßigen Pluralformen, Betonungen etc.

Unterteilen Sie die Lernkartei in drei Bereiche. Verwenden Sie für die Unterteilung z. B. Karteikarten in einer anderen Farbe oder Größe. Ganz hinten ordnen Sie diejenigen Karteikarten ein, deren Vokabeln sie meinen zu beherrschen, in der Mitte diejenigen, die Sie weniger gut beherrschen und ganz vorne diejenigen, die neu oder nicht (mehr) bekannt sind.
Beginnen Sie beim Lernen bzw. Wiederholen immer vorne in der Lernkartei (Bereich der neuen oder nicht gewussten Vokabeln) und arbeiten Sie sich dann in den nächsten Bereich vor. Vergessen Sie dabei nicht, dass man ab und zu auch diejenigen Vokabeln wiederholen muss, die man zu kennen glaubt. Ziel ist es, den dritten Bereich – also die Anzahl der beherrschten Vokabeln – mehr und mehr zu erweitern. Dadurch steigern Sie den Langzeit-Lerneffekt.
Wiederholen Sie die Vokabeln ab und an auch in umgekehrter Sprachreihenfolge. Und denken Sie daran, auf den Karteikärtchen Platz für neue Wörter oder Satzbeispiele zu lassen.
Die Karteikarte von S. 14 könnte nach einiger Zeit so aussehen:

Vorderseite	Rückseite
le pain	*Brot*
Je mange souvent du pain.	*Ich esse oft Brot.*
du pain dur, frais, sec	*altes, frisches, trockenes Brot*
le boulanger, la boulangerie	*Bäcker, Bäckerei*
avoir du pain sur la planche	*Viel um die Ohren haben.*

Auf diese Art und Weise wird die Lernkartei für Sie interessanter und wirkungsvoller, weil sie nach Ihren eigenen Bedürfnissen und Maßstäben angelegt ist.

3. Assoziationstechniken

Es gibt viele verschiedene Assoziationstechniken. Assoziation meint hierbei Verknüpfung und bedeutet in Bezug auf unser Gedächtnis, dass ein Assoziationsglied eine andere oder sogar mehrere andere Assoziationen zur Folge hat. Die Fähigkeit zu assoziieren ist also eine der Grundvoraussetzungen für unser Gedächtnis. Grundlage für gutes Assoziieren sind eine gute Vorstellungskraft, Kreativität und Fantasie. Besonders wirksam sind zusätzlich Verknüpfungen mit unserem Alltagsleben, so z. B. die Zuordnung von Eigenschaftswörtern zu Personen, auf die diese zutreffen: *Jean-Paul est drôle*.

3A Synonyme, Gegenteile und semantische Felder

Verknüpfen Sie ein Wort mit seinen Synonymen (= sinnverwandte Wörter, z. B. *charmant = séduisant*), seinen Gegenteilen (z. B. *beau ≠ laid*), lernen Sie es zusammen mit einem geeigneten Adjektiv (z. B. *année → année scolaire*) oder ordnen Sie es in ein semantisches Feld ein (= Wörter die demselben Bedeutungsbereich entspringen, z. B. *bois, jungle, forêt, ...*).

3B Klänge und Geräusche

Wörter lassen sich natürlich auch mit Musik, Klängen oder Geräuschen in Verbindung bringen. Haben Sie nicht auch schon versucht, den Text eines schönen fremdsprachigen Liedes zu verstehen? Vielleicht haben Sie auch versucht, das Lied auswendig zu lernen. Sie werden dabei gemerkt haben, dass die Verbindung Text – Melodie beim Lernen sehr nützlich ist. Genauso können Sie versuchen jeden anderen zu lernenden Text mit einer Melodie, die Sie gut kennen, zu verbinden.

3C Reime

Auch Reime sind Teil der Wort-Assoziationen aus dem Bereich der Musik bzw. Rhythmik. Reime helfen dabei, sich Wörter oder Sätze besser zu merken und zu erinnern, auch wenn sie insgesamt Unsinn ergeben. Sie werden vielleicht feststellen, dass Sie sich absurde Reime besonders gut merken können: Un éléph**ant** / Très élég**ant** / Va chez le doct**eur** / Il a très p**eur**, / C'est encore un enf**ant**.

3D Bewegung

Das, was Sie lernen, kann in eine körperliche Aktivität oder Bewegung verwandelt werden. Sie können beispielsweise beim Lernen durch Ihre Wohnung gehen und auf die Dinge, deren Bezeichnung Sie in der Fremdsprache lernen möchten, zeigen und das entsprechende Wort dabei laut aussprechen.
Auch das Bewegen der Hand bzw. des Armes beim Zeichnen dessen, was man lernen möchte, gehört zu dieser Technik. Falls Sie sich beim Lernen bisher nicht bewegt haben und dieser Möglichkeit eher skeptisch gegenüberstehen, vielleicht möchten Sie es einmal ausprobieren?

3E Bildhaftes Denken

Vor allem dem visuellen Lerntyp hilft die Assoziation Wort-Bild. Es ist erwiesen, dass unser Gedächtnis Bilder sehr viel besser speichert als Wörter. Sie können also z. B. in Ihrer Lernkartei Bilder oder Zeichnungen neben den jeweiligen Begriffen bzw. Sätzen anbringen.
Sie können aber auch versuchen, sich Bilder zu „erdenken". Schließen Sie dabei die Augen und erstellen Sie eine Gedankenverbindung zu dem zu lernenden Wort oder Satz durch ein Bild. Es ist ganz wichtig, dass Sie dieses Bild „sehen" – z. B. versuchen es auf Ihr Lid zu projizieren – und nicht nur daran denken.

3F Zahlen

Zahlen lassen sich mit Formen oder Reimen assoziieren. Mit diesen Techniken ist es möglich, sich PINs, Telefonnummern, wichtige Daten etc. zu merken.
Die Verbindung Zahl-Form arbeitet mit formähnlichen Bildern, die den Zahlen jeweils zugewiesen werden. Wie bereits erläutert, kann sich unser Gedächtnis Bilder besser merken als abstrakte Wörter oder auch Zahlen. Beispiele für die Zahlen 0 bis 9:

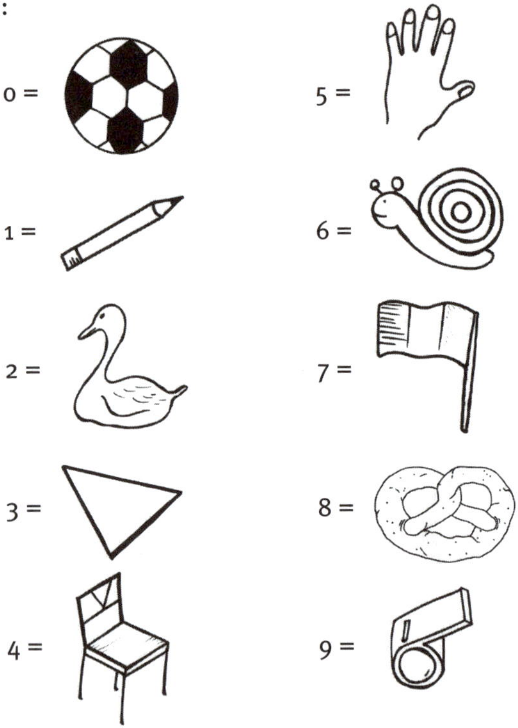

Wenn Sie versuchen, diese Bilder in eine zusammenhängende – und evtl. „merk“würdige – Geschichte zu verwandeln, dann fällt es Ihnen noch leichter, sich die Zahlenkombinationen zu merken. Die Verbindung Zahl-Reim bzw. Assonanz (Gleichklang) – je

eigenartiger, desto besser merkbar – kann eine weitere Hilfestellung bei der Bildfindung für die Zahlen sein. Beispiele für die Zahlen eins bis zehn: **ein**(s) = B**ein**, zwei / zw**o** = Str**oh**, d**rei** = B**rei**, **vier** = B**ier**, **fünf** = Str**ümpf**e, **sechs** = **Hex**e, s**ieben** = R**üben**, **acht** = N**acht**, n**eu**n = Sch**eun**e, z**ehn** = R**en**. Auch hier kann die Verbindung der einzelnen Bilder zu einer Geschichte sehr nützlich sein.
Und wenn Sie sich Ihre eigenen Bilder ausdenken möchten, lassen Sie Ihrer Kreativität und Fantasie freien Spielraum.

3G Tasten, Fühlen und Riechen

Auch wenn diese Technik schwer im Bereich des Sprachenlernens anwendbar ist, sind diese Sinneseindrücke für das Gedächtnis sehr nützlich. Gegenstände, ohne sie zu sehen, anhand ihrer Form oder ihres Geruches bzw. Duftes zu erkennen und zu bestimmen, entwickelt auch die Fähigkeit, sich an deren Bezeichnung in der Fremdsprache zu erinnern.

4. Kontextualisierung und Abstraktion

Kontextualisieren Sie Vokabeln, d. h. lernen Sie ganze Sätze und nicht einzelne Wörter. Es ist sehr viel leichter sich ganze Ausdrücke oder Sätze zu merken, als einzelne Wörter. Also z. B. „J'aime le pain." anstatt nur „le pain". Verbinden Sie ein Verb mit mehreren Substantiven – „écouter de la musique / la radio / une émission" oder lernen Sie Redensarten und Sprichwörter. Ergänzen Sie auch Ihre Karteikarten mit Sätzen und Wortverbindungen (vgl. Memo-Tipp 2. Lernkartei).
Wenn Sie mit Grammatikregeln konfrontiert sind, dann wiederholen Sie sie am effektivsten, indem Sie versuchen diese selbstständig aus einem (Kon)text zu erschließen (abstrahieren) und mit eigenen Worten wiederzugeben.

5. Kreativität und Fantasie

Schon mehrfach ist die Wichtigkeit der Fantasie und Kreativität für das Gedächtnis angesprochen worden. Wenn Sie beispielsweise eine Reihe von Vokabeln ohne Zusammenhang lernen müssen, versuchen Sie sich unter Verwendung der zu lernenden Wörter ein Bild, eine Geschichte oder sogar eine Art Comic auszudenken. Je absurder oder „merk"würdiger diese Verbindung der Wörter ist, desto einfacher werden Sie sie sich merken können.
Ein Beispiel: *assiette – fenêtre – oncle – télévision – sol – poisson*. Sie könnten an Ihren Onkel (*oncle*) denken, der auf dem Fußboden (*sol*) sitzt und von einem Teller (*assiette*) isst, daneben ist ein Fisch (*poisson*), der vom Fenster (*fenêtre*) aus fernsieht (*télévision*).

6. Wortspiele

Eine große Portion Fantasie ist auch für Wortspiele nötig.
Sie können z. B. aus einem Wort andere Wörter bilden, indem Sie sie auseinandernehmen und entweder alle Buchstaben – *soir / rois* – oder nur einen Teil der Buchstaben – *calendrier / cendrier* – wiederverwenden. Sie können auch einfach nur einen Buchstaben ändern und neue Wörter bilden: *boisson / poisson*.
Auflistungen können Sie sich auch anhand der Bildung von Fantasieworten merken, indem Sie beispielsweise die Anfangssilben zu neuen Wörtern zusammenfügen.

7. Eselsbrücken

Eselsbrücken helfen beim Lernen von Fakten oder Daten durch leicht zu merkende Sprüche. Sie erinnern sich bestimmt noch an Eselsbrücken wie „Sieben, fünf, drei – Rom schlüpft aus

dem Ei.“ oder „Drei, drei, drei – bei Issos Keilerei.“ aus dem Geschichtsunterricht. Neben den in diesen Beispielen verwendeten Reimen, ist auch die Technik der Verwendung von Anfangsbuchstaben einer Reihe von wichtigen Fakten in einem neuen Kontext sehr verbreitet, so z. B. bei der Reihenfolge der Planeten unseres Sonnensystems: „**M**ein **V**ater **e**rklärt **m**ir jeden **S**onntag **u**nsere **N**achbarplaneten.“ (**M**erkur, **V**enus, **E**rde, **M**ars, **J**upiter, **S**aturn, **U**ranus, **N**eptun)
Mit etwas Fantasie können Sie sich für Ihre Lerninhalte ähnliche Eselsbrücken bauen.

8. Aufmerksamkeit und Konzentration

Ein gutes Gedächtnis ist nur dann garantiert, wenn man – beispielsweise beim Lesen und Lernen oder auch beim Betrachten von Bildern, Grafiken und Plänen – den richtigen Grad an Aufmerksamkeit und Konzentration walten lässt.
Wörtlich meint Konzentration das Lenken des Bewusstseins auf einen Mittelpunkt, wie z. B. das jeweils zu lernende Thema, ein zu betrachtendes Bild oder einen zu lesenden Text. Aufgrund des uns umgebenden großen Reizangebots ist es aber nicht immer leicht, die nötige Aufmerksamkeit und Konzentration über längere Zeit beizubehalten. Wenn Sie merken, dass Sie beim Lernen vom Thema abschweifen, können Sie u. a. durch folgende Übungen Ihre Konzentration wieder schärfen:

- Nehmen Sie sich einen beliebigen Text und lesen Sie für ca. drei Minuten nur die Silben (mit jeweils zwei Sekunden Abstand von Silbe zu Silbe).
- Üben Sie ca. drei Minuten lang die Bauchatmung (beim Einatmen in den Bauch wölbt sich dieser sichtbar nach außen).
- Lesen Sie einen Text um 180° gedreht (also auf dem Kopf stehend).

9. Lesestrategien

Wenn Sie möglichst viele Informationen aus gelesenen Texten behalten wollen, müssen Sie – noch bevor Sie mit der Gedächtnisarbeit beginnen – Ihre Lesetechnik verbessern. Ab Seite 115 werden Sie mit verschiedenen Lesestrategien und dazugehörigen Übungen vertraut gemacht.

10. Logik

Die sehr stark auf Kreativität und Fantasie ausgerichteten vorangegangen Memo-Tipps haben sich auf die rechte Gehirnhälfte bezogen, dem Sitz unserer künstlerischen, erfinderischen und emotionalen Fähigkeiten. Der breite Raum, der diesen im Bereich der rechten Gehirnhälfte angesiedelten Techniken gegeben wurde, ergibt sich aus der Tatsache, dass sich das „normale“, Ihnen bekannte Lernen, hauptsächlich im Bereich der linken Gehirnhälfte abspielt, die für Logik, Analyse und Organisation zuständig ist. Da wir nur dann das Potential unseres Gehirns nutzen, wenn beide Gehirnhälften zusammenarbeiten, werden Ihnen auch Übungen zum logischen Denken begegnen.

Auf der folgenden Seite beginnen die Übungen, in denen Sie viele der zuvor genannten Memo-Tipps umsetzen können. In der Randspalte führt Sie das Symbol ▶ Memo-Tipp zurück zu den Erläuterungen des jeweils anwendbaren Memo-Tipps.

Bevor Sie die Arbeitsanweisung lesen und sich die französischen Vokabeln einzuprägen versuchen, überfliegen diese kurz und gehen Sie sicher, dass Sie die Bedeutungen kennen. Bei Verständnisschwierigkeiten hilft das alphabetische Wörterverzeichnis (Französisch – Deutsch) ab S. 144 weiter.

1. Vielleicht sitzen Sie gerade an Ihrem Schreibtisch und sind von den folgenden Gegenständen umgeben. Ergänzen Sie den Artikel und prägen Sie sich dann die Gegenstände in der angegebenen Reihenfolge ein.

▶ Memo-Tipp 3A + 3E

1. ____ table
2. ____ chaise
3. ____ livre
4. ____ dictionnaire
5. ____ stylo bille
6. ____ crayon à papier
7. ____ taille-crayon
8. ____ gomme
9. ____ lampe
10. ____ règle
11. ____ cahier
12. ____ lunettes

2. Lesen Sie die folgenden Zahlen laut auf Französisch vor und prägen Sie sie sich ein.

▶ Memo-Tipp 3F

3	0	17
5	11	6
16	1	8

1. In welcher Reihenfolge wurden die Gegenstände aufgelistet?

- ☐ la gomme
- ☐ le crayon à papier
- ☐ la table
- ☐ la chaise
- ☐ les lunettes
- ☐ le livre
- ☐ la lampe
- ☐ le dictionnaire
- ☐ le stylo bille
- ☐ le taille-crayon
- ☐ la règle
- ☐ le cahier

2. Schreiben Sie in Worten auf Französisch diejenigen Zahlen bis 20, die nicht Bestandteil der Tabelle sind.

____

____

____

____

3. Lesen Sie die folgenden Sätze und verbinden Sie sie mit den entsprechenden Orten auf der Karte. Merken Sie sich dann die Sätze.

▶ Memo-Tipp 3E

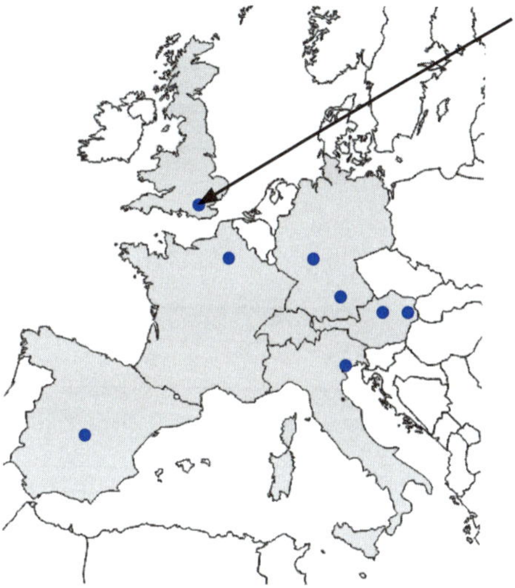

John est de Londres.

Klaus est de Francfort.

Caroline est de Paris.

Eva est de Linz.

Clara est de Venise.

Claudia est de Vienne.

Felipe est de Madrid.

Hans est de Munich.

4. Einfache Reime oder Liedstrophen helfen beim Lernen. Konzentrieren Sie sich auf die folgenden Verse, die französische Kinder in der Schule lernen, um sich die Namen und die Reihenfolge der Monate zu merken.

▶ Memo-Tipp 3C

Janvier, février,
J'ai froid au nez,
Mars, avril,
Je quitte la ville,
Mai, juin,
Je prends le train,

Juillet, août,
Je jette un caillou,
Septembre, octobre,
Novembre, décembre,
Voilà des jouets dans
ma chambre.

3. Erinnern Sie sich, woher die Personen kommen? Schreiben Sie Sätze mit Nationalitätenadjektiven. Wenn es Personen mit derselben Nationalität gibt, orientieren Sie sich am angegebenen Beispiel.

1. *Claudia et Eva sont* ______________________
2. ______________________
3. ______________________
4. ______________________
5. ______________________
6. ______________________

4. Ordnen Sie den Tätigkeiten die dazugehörigen Monate zu.

Je jette un caillou : ______________________

Je quitte la ville : ______________________

J'ai froid au nez : ______________________

Voilà des jouets
dans ma chambre : ______________________

Je prends le train : ______________________

5. Prägen Sie sich die folgenden Wörter ein.

▶ Memo-Tipp 3A + 3E

l'architecte	les frites
le vendeur	le professeur
le steak	le médecin
le thon	le fromage
l'ingénieur	la quiche lorraine

6. Lesen Sie die folgenden Uhrzeiten laut auf Französisch vor und prägen Sie sie sich ein.

▶ Memo-Tipp 3A + 3E

1. 

2. 

3. 

4. 

5. 

6. 

5. Die Wörter auf der vorangegangenen Seite haben Gemeinsamkeiten. Wie lauten die entsprechenden Oberbegriffe auf Französisch? Ordnen Sie die Wörter diesen Oberbegriffen zu.

______________________ :

____

____

______________________ :

____

____

6. Machen Sie neben diejenigen Uhrzeiten ein Kreuzchen, die auf der vorangegangenen Seite abgebildet sind.

- ☐ Il est sept heures moins vingt.
- ☐ Il est midi.
- ☐ Il est minuit.
- ☐ Il est une heure dix.
- ☐ Il est quatre heures moins le quart.
- ☐ Il est sept heures moins le quart.
- ☐ Il est quatre heures moins vingt cinq.
- ☐ Il est trois heures et demies.

7. Prägen Sie sich den folgenden Satz ein.

▶ Memo-Tipp 4

Je m'appelle Marine, j'habite en France, à la Rochelle. Je suis étudiante en architecture mais en ce moment je travaille dans le bureau d'un ami de mon père.

Verschnaufpause: Erkennen Sie in der folgenden Abbildung mehr oder weniger als 10 Dreiecke?

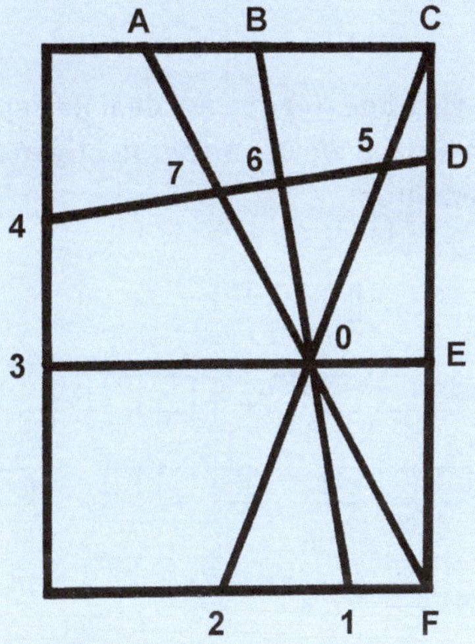

8. Welche Angaben finden Sie auf dem Reisepass? Prägen Sie sich die folgenden Wörter ein.

▶ Memo-Tipp 3A + 3E

nom	prénom	date de naissance
sexe	lieu de naissance	date d'émission
taille	couleur des yeux	

7. Erinnern Sie sich an die Informationen? Vervollständigen Sie den Satz.

Elle s’appelle ______________ , elle habite en ______________ ,

à ______________ . Elle est étudiante en ______________ ,

mais elle travaille aussi dans le ______________ d’un ami

de son ______________ .

8. Wir haben eine wichtige Angabe auf dem Reisepass vergessen. Welche? Tragen Sie die Wörter an der richtigen Stelle ein und Sie werden es erfahren.

▣☐☐ ☐☐☐☐

☐▣▣☐ ☐’☐☐☐☐☐▣☐☐

☐▣☐☐☐☐☐ ☐☐☐ ☐☐☐☐

☐A☐☐ ☐☐ ▣▣☐☐☐☐☐☐☐

▣☐☐U ☐☐ ☐☐▣☐☐☐☐☐☐

▣☐☐☐L☐ ☐☐▣☐☐M

Lösung: ☐☐☐☐☐☐☐☐☐☐☐

9. Prägen Sie sich jede der Zahlen ein und blättern Sie dann um. ▶ Memo-Tipp 3F

deux mille cinq cent soixante-deux

quinze mille huit cent vingt-sept

cent vingt huit mille quatre cent vingt-six

trois cent vingt sept mille huit cent quatorze

un million neuf cent cinq mille trois cent vingt-six

deux milliard huit

10. Merken Sie sich die folgenden Wörter aus dem Bereich Nahrungsmittel. ▶ Memo-Tipp 3A + 3E

viande	moutarde
poisson	jambon
sucre	biscotte
fromage	beurre
melon	champignons
tomate	cornichons

9. Schreiben Sie die Zahlen in Ziffern.

____

____

____

____

____

____

10. Welche der Wörter auf -*e* sind maskulin?
Welche Wörter auf -*e* sind feminin?
Und welche Wörter auf -*on* stehen im Plural?

1. Mots masculins finissant par -*e*

____

2. Mots féminins finissant par -*e*

____

3. Mots finissant par -*on* au pluriel

____

11. Ordnen Sie die folgenden Wörter den Zeichnungen zu und prägen Sie sie sich ein.

▶ Memo-Tipp 3E + 3G

assiette de nouilles   gâteau d'anniversaire   tasse de café

fleur   transpiration des pieds   poisson puant   poubelle

putois

12. Merken Sie sich die folgenden Sätze.

▶ Memo-Tipp 4

Lundi, il y a le marché.

Mardi, il y a la fête de la musique.

Mercredi, il y a des examens.

Jeudi, il y a des élections.

Vendredi, le Tour de France commence.

Samedi, il y a un film intéressant.

Dimanche, il y a un concert.

11. Ordnen Sie die Wörter den folgenden Oberbegriffen zu.

☺ Bonnes odeurs : ______________________________

____

☹ Mauvaises odeurs : ______________________________

____

12. Antworten Sie mit „oui“ oder „non“.

	oui	non
1. Est-ce que le marché est lundi ?	☐	☐
2. Il y a des examens mardi ?	☐	☐
3. Il y a des élections mercredi ?	☐	☐
4. Le Tour de France commence jeudi ?	☐	☐
5. Il y a la fête de la musique vendredi ?	☐	☐
6. Il y a un film intéressant samedi ?	☐	☐
7. Il y a un concert dimanche ?	☐	☐

13. Sie haben den Tisch gedeckt. Betrachten Sie die Gegenstände aufmerksam und sprechen Sie laut deren französische Bezeichnungen. Die Wortliste hilft Ihnen dabei. Prägen Sie sich dann die Zeichnung ein.

▶ Memo-Tipp 3E + 8

un verre	une fourchette	une cuillère à café
le sel	le vinaigre	une assiette
une cuillère	le poivre	l'huile

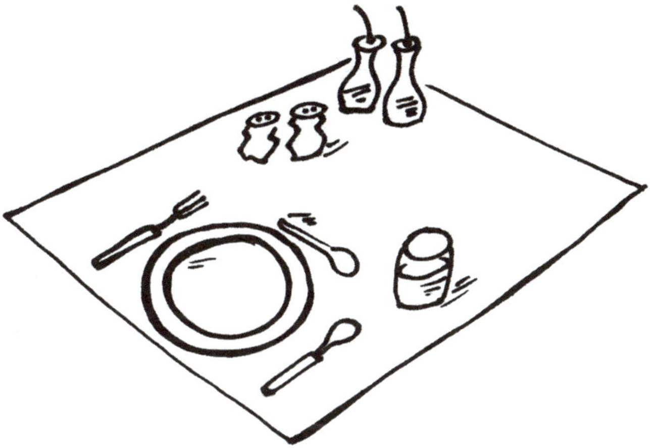

14. Wie steht es um Ihre Logik? Lesen Sie die folgenden Zahlenreihen laut auf Französisch vor und setzen Sie sie logisch fort. Merken Sie sich das jeweilige Kriterium, das hinter den Zahlenreihen steckt.

▶ Memo-Tipp 10

1. Zahlenreihe: 3 – 6 – 9 – 12 – ________

2. Zahlenreihe: 21 – 19 – 17 – 15 – ________

3. Zahlenreihe: 2 – 4 – 8 – 16 – ________

4. Zahlenreihe: 5 – 11 – 23 – 47 – ________

13. **Was haben Sie beim Tischdecken vergessen? Nun ist die Zeichnung vollständig. Welche Gegenstände wurden hinzugefügt?**

---

14. **Hier sehen Sie nun die Zahlen, die Sie auf der vorangegangenen Seite geschrieben haben (sollten). Können Sie jetzt jeder Zahlenreihe aus dem Gedächtnis noch eine weitere Zahl hinzufügen?**

1. Zahlenreihe: 15 – ____
2. Zahlenreihe: 13 – ____
3. Zahlenreihe: 32 – ____
4. Zahlenreihe: 95 – ____

15. Schreiben Sie unter jede Zeichnung wie im Beispiel den entsprechenden französischen Ausdruck. Prägen Sie sich dann die Zeichnungen ein.

▶ **Memo-Tipp 3A + 3E**

pomme	raisin	ail	châtaigne
~~tomate~~	oignon	courgette	artichaut

tomate

16. Sie kennen ganz bestimmt die Melodie von „Happy Birthday" (auf Französisch „Joyeux anniversaire"). Mit dieser Melodie können Sie den folgenden kurzen Liedtext singen und sich einprägen.

▶ **Memo-Tipp 3B + 3C**

As-tu vu mon frérot ?
As-tu vu mon frérot ?
Il n'est plus revenu
Depuis lundi dernier.

Malheureusement non,
Malheureusement non,
Je n'ai rien vu non plus
De la cave au grenier.

15. Ihre Einkaufstasche hatte ein Loch. Was haben Sie verloren?

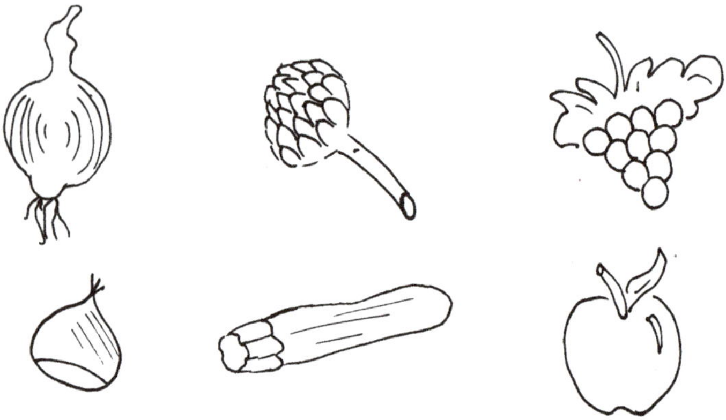

**16. Haben Sie den Liedtext auswendig gelernt?
Dann beantworten Sie die folgenden Fragen mit „vrai“ oder „faux“.**

La femme ...	vrai	faux
1. ... cherche son frère.	☐	☐
2. ... il a disparu depuis lundi dernier.	☐	☐
3. ... retrouve son frère.	☐	☐
4. ... fouille le grenier.	☐	☐

17. Prägen Sie sich die folgenden Wörter bzw. Wortgruppen ein.

▶ Memo-Tipp 3A + 4

regarder	la télévision
aller	au sport / dans les montagnes / danser
faire	du ski / du vélo
jouer	au tennis / aux cartes / au foot
surfer	sur Internet
faire	une promenade / quelques pas
rester	à la maison
écouter	de la musique

Verschnaufpause: Bevor Sie die Aufgabe lesen, gehen Sie sicher, dass Sie die folgenden Ausdrücke kennen: *on a besoin, plus de temps, le double, la moitié*. Beantworten Sie die Frage dann schnell und spontan.

A-t-on besoin de plus de temps pour apprendre 20 mots que pour apprendre le double de la moitié de 20 mots ?

18. Prägen Sie sich die folgenden Adverbien ein.

▶ Memo-Tipp 6 + 8

avant tout volontiers beaucoup pas du tout

17. Unterteilen Sie die Wörter und Wortgruppen nach folgenden Kriterien:

personne active :

___

___

___

personne sédentaire :

___

___

___

18. Unterstreichen Sie die Wörter bzw. Ausdrücke, die sich aus den einzelnen Buchstaben der vorangegangenen Adverbien bilden lassen.

volant	femme	assiette
langue	loup	passer
avoir	comment	dimanche
heureux	vouloir	tousser

19. Prägen Sie sich die folgenden Wörter ein.

▶ Memo-Tipp 3C

organisation	mou	maisonnette	modalité
flagrant	cheval	chansonnette	asticot
transparent	opération	abricot	hibou
	paternité	journal	

Verschnaufpause: Ergänzen Sie die fehlende Zahl in dieser logischen Reihenfolge, indem Sie bei 10 starten.

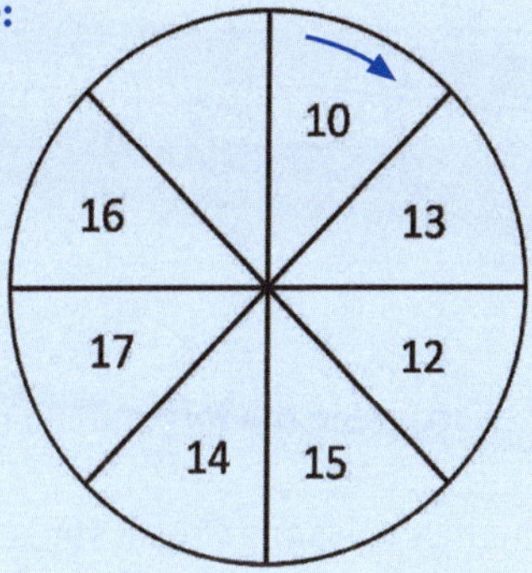

20. Sie erwarten Gäste zum Abendessen und müssen einkaufen gehen. Prägen Sie sich die Einkaufsliste aufmerksam ein.

▶ Memo-Tipp 3A + 3E

4 baguettes
8 bouteilles de Perrier
2 poulets
10 escalopes de veau
serviettes en papier

3 bouteilles de vin
4 bouteilles de cidre
10 côtes d'agneaux
verres en plastique

19. Schreiben Sie die Wörter, die sich reimen, jeweils nebeneinander.

______________	______________
______________	______________
______________	______________
______________	______________
______________	______________
______________	______________
______________	______________

20. Beantworten Sie die folgenden Fragen.

1. Quelles boissons y a-t-il sur la liste ?

   ____

2. Quelles sortes de viandes devez-vous acheter ?

   ____

3. Et combien de bouteilles ?

   ____

4. Devant quels mots n'y a-t-il pas de nombres ?

   ____

21. Lesen Sie mehrere Male so schnell wie möglich das französische Alphabet von *a* bis *z* nur mit den Augen. Dann lesen Sie es langsamer und laut auf Französisch.

▶ Memo-Tipp 8

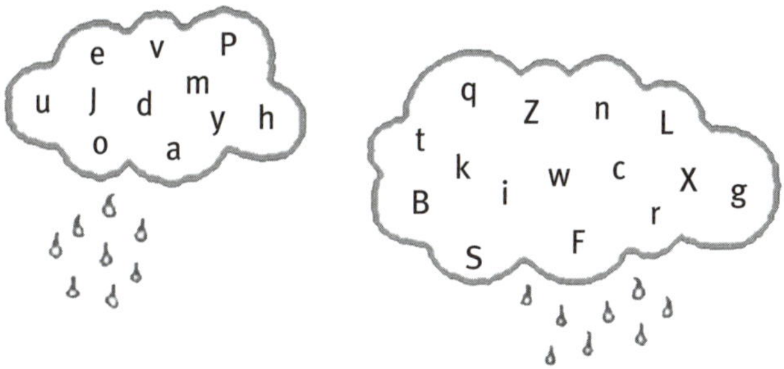

22. Prägen Sie sich die folgenden Sätze in der vorgegebenen Reihenfolge ein.

▶ Memo-Tipp 3D

1. Je fais trois pas à droite.
2. Je fais trois pas à gauche.
3. Je fais quatre pas en avant.
4. Je fais quatre pas en arrière.
5. Je monte sur une chaise.
6. Je m'approche de la fenêtre.
7. Je me mets à côté de la table.
8. Je vais sous la table.
9. Je me mets entre le divan et la télévision.

21. Schreiben Sie das französische Alphabet. Welche der Buchstaben wurden auf der vorangegangenen Seite groß geschrieben und welche klein?

____

____

____

Verschnaufpause: Sehen Sie sich aufmerksam die folgenden Buchstaben an. Sie folgen nach einem logischen (aber nicht mathematischen) Kriterium aufeinander. Welcher Buchstabe muss an zehnter Stelle stehen? Wenn Sie nach ein paar Minuten nicht auf die Lösung kommen, sehen Sie sich nach und nach die Tipps an.

D – N – H – S – S – C – Q – T – D – ?

Tipp 1: Die Buchstaben stellen Initialen französischer Wörter dar. Sie kommen immer noch nicht weiter? Dann lesen Sie den nächsten Tipp.

Tipp 2: Denken Sie an Zahlen.

22. Stehen Sie nun auf und folgen Sie aktiv den Anweisungen. Wiederholen Sie dabei laut die Sätze. Sie kommen sich dabei etwas dumm vor? Dann liegt Ihnen der Memo-Tipp 3D vielleicht nicht. Probieren Sie es trotzdem aus.

23. Prägen Sie sich die folgenden Zahlen-Bilder bzw. Formen-Kombinationen ein. Versuchen Sie dann, sich die angegebenen Telefonnummern zu merken, indem Sie sich anstatt der Zahlen die entsprechenden Bilder einprägen. Wenn sie möchten, können Sie auch kurze Geschichten erfinden, die sich um die den Zahlen zugeordneten Bilder drehen.

▶ Memo-Tipp 3F

0 = 

1 = 

2 = 

3 = 

4 = 

5 = 

6 = 

7 = 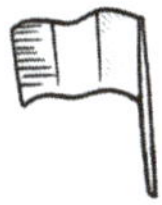

8 = 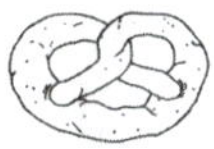

9 = 

Lucie: 47 85 96 73

Emma: 85 14 62 45

Gabriel: 74 65 24 13

Nathan: 83 54 92 75

24. Ist Ihnen die in Übung 23 angewendete Technik schwergefallen? Dann probieren Sie das folgende System aus: Prägen Sie sich dieses Wort und die zu jedem Buchstaben gehörige Zahl ein.

O	R	D	I	N	A	T	E	U	R
1	2	3	4	5	6	7	8	9	0

23. Erinnern Sie sich an die Telefonnummern? Schreiben Sie sie auf.

numéro de téléphone de Lucie : ______________________

numéro de téléphone de Gabriel : ______________________

numéro de téléphone de Nathan : ______________________

numéro de téléphone de Emma : ______________________

24. Folgen Sie dem Beispiel und verwandeln Sie die folgenden PINs im Sinne des auf der vorangegangenen Seite eingeprägten Systems.

0874: __________ 12690: __________

10701: __________ 58233: __________

98761: __________ 40691: __________

Versuchen Sie, sich wichtige PINs anhand eines ähnlichen Systems zu merken. Wichtig: Nur Sie dürfen das Wort bzw. den Ausdruck, der sich dahinter verbirgt, wissen.

25. Merken Sie sich die folgenden Sätze.

▶ Memo-Tipp 4

1. Je viens demain.
2. Je vais au cinéma.
3. Lucas dort.
4. Je suis médecin.
5. Je ne viens pas parce que je ne vais pas bien.

Verschnaufpause: Bevor Sie die Aufgabenstellung lesen, gehen Sie sicher, dass Sie den Ausdruck *combien fait ?* verstehen.

Si A = 1, B = 2, C = 3 etc. combien fait F + N ?

F + N = ______________

26. Prägen Sie sich die folgenden Ausdrücke ein.

▶ Memo-Tipp 3E + 4

manger une glace

porter un manteau

manger des châtaignes

faire du ski

prendre un bain de soleil

récolter du raisin

voir des hirondelles

semer des fleurs

25. Vervollständigen Sie die folgenden Fragen, die sich auf die Sätze der vorangegangenen Seite beziehen. Verwenden Sie die Du-Form.

1. Qui ______________________________ ?
2. Où ______________________________ ?
3. Quand ______________________________ ?
4. Pourquoi ______________________________ ?
5. Que / Qu' ______________________________ ?

26. Fügen Sie die Ausdrücke neben die dazugehörigen Jahreszeiten ein.

1. Au printemps on ______________________________

   et on ______________________________ .
2. En été on ______________________________

   et on ______________________________ .
3. En automne on ______________________________

   et on ______________________________ .
4. En hiver on ______________________________

   et on ______________________________ .

27. Prägen Sie sich die folgenden Obstsorten in der angegebenen Reihenfolge ein.

▶ Memo-Tipp 3A

1. framboise
2. ananas
3. cassis
4. fraise
5. abricot
6. kiwi
7. prune

Verschnaufpause: Wie viele Farben bzw. Farbstifte benötigt man, wenn man eine Ampel, die Fahnen Frankreichs, Österreichs und der Schweiz sowie ein französisches Autobahnschild zeichnen möchte?

28. Wie aufmerksam können Sie beobachten? Betrachten Sie die folgenden Ausdrücke, vor allem die Adjektive.

▶ Memo-Tipp 4 + 8

une cravate bleue

un pyjama vert

une jupe grise

des chaussures marron

un chemisier rouge

un pull violet

des T-Shirt orange

une chemise jaune

27. Ordnen Sie den hier angegebenen Farben die Obstsorten zu.

1. vert = ______________________
2. rouge = ______________________
3. rose = ______________________
4. jaune = ______________________
5. noir = ______________________
6. orange = ______________________
7. violet = ______________________

28. Was zeichnet die Farbadjektive im Französischen aus grammatikalischer Sicht aus?

____

____

____

____

____

____

29. Kennen Sie die Melodie von „Mein Onkel hat ’nen Bauernhof ia-ia-o“ (auf Französisch „Chez l’vieux fermier Mac Donald, ia, ia, o“)? Singen Sie den folgenden Text mit dieser Melodie und prägen Sie ihn sich dabei ein.

▶ Memo-Tipp 3B

Cacao a un grand bateau, ia, ia, o
Un grand bateau qui file sur l’eau, ia, ia, o.
Il fait un tour du monde avec dix marins,
Il rencontre des Africains et des Indiens.

Cacao a un grand bateau, ia, ia, o
Que tout le monde veut visiter, ia, ia, o.
Voir le pont et la cabine du grand capitaine,
Rêver à la liberté et ses belles aubaines.

Cacao a un grand bateau, ia, ia, o
Mais après toutes ces années, ia, ia, o
De grand vent, de soleil, de mer grise et d’eau salée
Lui tout ce qu’il veut, c’est rester au coin du feu.

30. Prägen Sie sich die folgenden Silben ein.

▶ Memo-Tipp 6

CROIS VA LA GA GE

29. Beantworten Sie die Fragen.

1. Qui a un grand bateau ? ______________________
2. Quelles populations rencontre-t-il ?

   ____
3. Qu'est-ce que les gens lui envient ?

   ____
4. Comment s'appelle la personne qui commande sur un bateau ?

   ____
5. Et le héros, qu'est-ce qu'il souhaite ?

   ____

30. In den folgenden Wörtern sind die Silben durcheinander geraten. Außerdem fehlt jedem Wortpaar eine Silbe von der vorigen Seite. Stellen Sie die Wörter wieder her.

1. RET – CI – TE	GE – RA
2. SANCE	SANT
3. PLA	LAN – BOU – RIE
4. SE – LI	CES – CAN
5. DE – SA	PIN

31. Prägen Sie sich die folgenden Nummernschilder ein.

▶ Memo-Tipp 3F

F ET-344-CA	F MU-214-FA
F KL-275-AR	F ST-175-KW
F BE-637-AG	F MY-689-GR

32. Prägen Sie sich die folgende Beschreibung ein.

▶ Memo-Tipp 3D + 3E

La poste est à côté de la banque.

Derrière la banque, il y a un café.

En face du café, il y a une station d'essence.

A côté de la station d'essence se trouve un parking.

Entre le parking et le supermarché, il y a un arrêt de bus.

31. Vervollständigen Sie die Nummernschilder.

F ET-___-_A

F MU-___-_A

F __-275-A_

F __-175-K_

F B_-6_7-_G

F M_-6_9-_R

32. Zeichnen Sie nun die beschriebenen Gebäude. Halten Sie sich dabei auch an die beschriebene Positionierung der Gebäude.

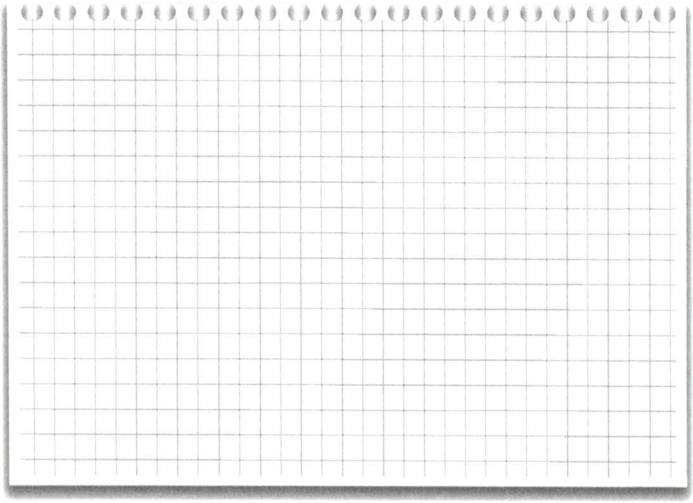

33. Die folgenden Substantive bzw. Adjektive sind für Personenbeschreibungen notwendig. Prägen Sie sie sich ein.

▶ Memo-Tipp 3A + 3E

visage	lunettes	cheveux	stature
moustache	barbe	teint	yeux
chauve	grand	petit	gros

34. Betrachten Sie aufmerksam die Zeichnung. Beschreiben Sie dann Vater und Sohn laut auf Französisch.

▶ Memo-Tipp 3E + 8

33. Unterstreichen Sie die neu hinzugekommenen Wörter.

mince	lunettes	pâle	bouche
cheveux	barbe	moustache	gros
stature	teint	visage	trapu
chauve	grand	petit	yeux
	oreille	vieux	

Übrigens: Kennen Sie den Ausdruck „Quelle barbe !“?

34. Welche Eigenarten haben Vater und Sohn gemeinsam? In was unterscheiden sie sich?

Tous les deux ______________________________

____.

Le père ______________________________

____.

Le fils ______________________________

____.

35. Prägen Sie sich die genannten Wörter ein. Lassen Sie aber auch die nicht erwähnten Körperteile nicht außer Acht.

▶ Memo-Tipp 3E + 8

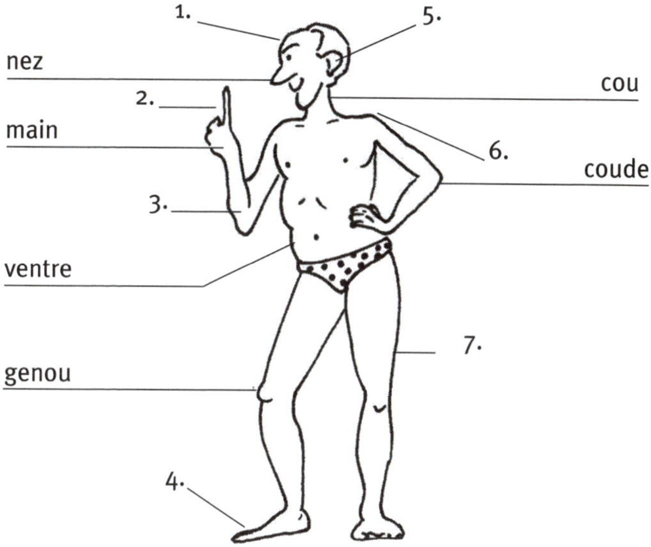

36. Die folgenden Adjektive beschreiben Körperteile. Welche?

▶ Memo-Tipp 3A

_______________ aquilin, en patate, retroussé

_______________ ovale, régulier, joufflu

_______________ bouclés, épais, poivre et sel

_______________ minces, arquées, poilues

_______________ grands, verts, bleus

_______________ minces, épaisses, charnues

35. Welchen Zahlen an der Zeichnung entsprechen die folgenden Wörter?

épaule	Nr. _____	pied	Nr. _____
bras	Nr. _____	oreille	Nr. _____
doigt	Nr. _____	tête	Nr. _____
jambe	Nr. _____		

Tragen Sie die fehlenden Wörter in die Zeichnung auf der vorangegangenen Seite ein.

36. Welche Adjektive sind verschwunden?

yeux	verts, grands, ____________________
jambes	arquées, poilues, ____________________
visage	régulier, joufflu, ____________________
lèvres	minces, épaisses, ____________________
cheveux	épais, bouclés, ____________________
nez	aquilin, retroussé, ____________________

37. Im Folgenden lernen Sie einige französische Redensarten kennen. Ersetzen Sie die Lücken jeweils mit der Bezeichnung eines Körperteils. Prägen Sie sich die Sätze dann ein.

▶ Memo-Tipp 4

1. Avoir le ______________________ long.
2. Avoir les ______________________ en coton.
3. Avoir la ______________________ bien pendue.
4. Avoir les ______________________ sur terre.
5. Avoir bon ______________________ .

38. Prägen Sie sich die folgenden Kombinationen aus Zahlen und Ereignissen bzw. Berühmtheiten ein.

▶ Memo-Tipp 3E + 3F

007	James Bond	25	Noël
1	Nouvel An	17	l'heure du thé
7	merveilles du monde	15	l'Ascension
10	Zidane	75	Paris
12	travaux d'Hercule	40	voleurs d'Ali Baba

37. Schreiben Sie die Redensarten unter die entsprechenden Erläuterungen.

1. Se sentir très faible. ______________________
2. Être généreux. ______________________
3. Être réaliste. ______________________
4. Parler beaucoup. ______________________
5. Avoir des relations influentes. ______________________

38. Wem bzw. was entsprechen die folgenden „Daten“?

1075 = *Zidane*

Paris

752515 = ______________________

____

2517 = ______________________

____

40007 = ______________________

____

1007 = ______________________

____

14010 = ______________________

____

15775 = ______________________

____

____

12117 = ______________________

____

____

39. Prägen Sie sich die folgenden Verben ein.

▶ Memo-Tipp 7

1. tuer
2. accrocher
3. malmener
4. appeler
5. laver
6. téléphoner
7. tenir
8. varier
9. chérir
10. lever
11. mélanger
12. devenir
13. symboliser

40. Hier nun die Beschreibung eines Tagesablaufs. Lesen Sie die Sätze und prägen Sie sich die Handlungen (ohne Details) und deren Reihenfolge ein. Passen Sie die Formen (männlich / weiblich) entsprechend Ihres Geschlechtes an.

▶ Memo-Tipp 4

Je me suis levé(e).

J'ai bu du café.

Je me suis douché(e).

J'ai pris mon petit déjeuner.

J'ai appris un peu de français.

Je suis sorti(e) de la maison.

Je suis rentré(e) à la maison vers 16 h 00.

J'ai dîné.

Je suis allé(e) au lit.

39. Ohne zunächst weiterzulesen, versuchen Sie, die Verben mündlich zu wiederholen. Wie viele konnten Sie sich merken?

Versuchen Sie nun, die Verben mit Hilfe der folgenden Eselsbrücke zu wiederholen. Die Anfangssilben bzw. Anlaute der Verben (ohne Berücksichtigung der Akzente) bilden den folgenden Satz.

TU AS MAL À LA TÊTE ? VA CHEZ LE MÉDECIN.

____

____

____

40. Rekonstruieren Sie die Handlungen des Tagesablaufs, allerdings in umgekehrter Reihenfolge. Folgen Sie dabei dem Beispiel.

Je suis allé(e) au lit.

____

____

____

____

____

41. Prägen Sie sich die folgenden Sätze mit der entsprechenden Nummerierung ein.

▶ Memo-Tipp 4

1. Gabriel est né le 15 août.
2. Nous nous sommes levés tôt ce matin.
3. Lucie a appris le français.
4. Il est parti après le match de football.
5. Marine est allée à la piscine.
6. J'ai monté les escaliers.
7. Hier, j'ai couru toute la journée. Quel stress le samedi !

Verschnaufpause: Bevor Sie die Aufgaben lösen, gehen Sie sicher, dass Sie alle Ausdrücke verstehen.

Cette année j'ai gagné trois fois au loto. Chaque fois dans un mois à quatre lettres. C'est possible ?

42. Prägen Sie sich die folgenden Wörter ein. Beachten Sie besonders deren Silben; vielleicht entdecken Sie dabei einen Trick, mit dem Sie sich die Wörter leichter merken können.

▶ Memo-Tipp 7

téléphoner – chanter – jamais – méchant – nénuphar – citron – pêcher – tromper – pharmacie – rivalité – chéri

41. Ergänzen Sie nun mit Hilfe der Beispielsätze der vorangegangenen Seite die Regeln zum *passé composé*. Schreiben Sie neben jede Regel die Zahl des entsprechenden Beispielsatzes. Vervollständigen Sie außerdem mit *être* und *avoir*.

On forme le passé composé avec le présent de __________ / __________ + le participe passé du verbe. Les verbes transitifs (accompagné d'un complément d'objet : phrases ____ + ____) et les verbes de mouvement qui indiquent une façon de se déplacer (phrase ____) se conjuguent avec __________ .
Le passé composé des verbes réfléchis (phrase ____) et des verbes exprimant un déplacement ou une transformation (phrases ___ + ___ + ___) se forme toujours avec __________ .
Le participe passé des verbes dont le passé composé est formé avec __________ s'accorde avec le sujet du verbe (phrases ____ + ___ + ___ + ___).

42. Haben Sie den Domino-Trick entdeckt? Die letzte Silbe bzw. der letzte Laut eines Wortes ist mit der ersten Silbe bzw. dem letzten Laut eines anderen Wortes identisch. Wiederholen Sie die Wörter auf diese Weise, indem Sie mit „jamais" beginnen.

____

____

____

43. Prägen Sie sich die folgenden Zahlen ein.

▶ Memo-Tipp 3F

2212	3009	2410	1208
1411	2807	2001	2102

Verschnaufpause: Welches ist die größte vierstellige Zahl, die aus jeweils verschiedenen Ziffern gebildet werden kann?

____

44. Prägen Sie sich die folgenden Verben ein, blättern Sie dann auf die nächste Seite.

▶ Memo-Tipp 3G

entendre	renifler	effleurer	caresser
tâter	écouter	voir	sentir
toucher	goûter	regarder	

Prägen Sie sich auch die folgenden Adjektive ein und blättern Sie dann noch einmal um.

▶ Memo-Tipp 3G

assourdissant	amer	rugueux	transparent
chaud	doux	lisse	clair
sucré	vert	insipide	puant

43. Die Zahlen der vorangegangenen Seite stellen Geburtstage dar. Ergänzen Sie den folgenden Text mit diesen Geburtstagen (Tag und Monat) in chronologischer Reihenfolge.

L'anniversaire de David est le ____________________, celui de Jeanne le ____________________, celui de Caroline le ____________________, celui de Paul le ____________________, celui de Claire le ____________________, celui de Lucie le ____________________, celui de Solène le ____________________, celui de Gabriel le ____________________.

44. Ordnen Sie die Verben den fünf Sinnen zu. Blättern Sie dann für Teil 2 der Übung noch einmal zurück.

 vue : ____

 ouïe : ____

 goût : ____

 toucher : ____

 odorat : ____

Welches Verb kommt mehrmals vor? ____________________

Ergänzen Sie die Auflistung mit den Adjektiven.

45. Konzentrieren Sie sich auf jede einzelne Zeile, prägen Sie sich die Wörter bzw. Zeichnungen ein, indem Sie sie laut wiederholen. Blättern Sie dann um und lesen Sie die weiteren Anweisungen für jede der Zeilen.

▶ Memo-Tipp 3E

1.  – tapis –  – jupe – 
2. glace – chapeau – ceinture – botte – manteau
3.   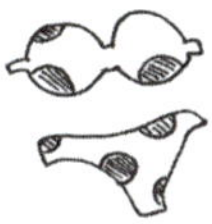  
4. pull – salon – chemisier – balcon – terrasse
5. soleil – peignoire – bikini – chaussettes – imperméable

46. Prägen Sie sich folgende Verben in Dreiergruppen mitsamt der Nummerierung ein.

▶ Memo-Tipp 3A + 4

1. fermer, ouvrir, entrebâiller
2. laver, sécher, ébrécher
3. visser, déboucher, faire égoutter
4. remplir, ouvrir, vider
5. feuilleter, lire, abîmer

45. Lesen Sie nun Frage für Frage und decken Sie die noch nicht bearbeiten Fragen ab. Die Nummerierung der Fragen entspricht den Zeilen der Vorgängerseite.

1. Il y a combien de vêtements ? ______________________
2. Quel mot est au milieu ? ______________________
3. Quel dessin a disparu ? ______________________

4. Quels mots ont été échangés ?

   terrasse – salon – chemisier – balcon – pull

5. Les mots suivants sont-ils dans le bon ordre ?

   soleil – peignoire – bikini – chaussettes – imperméable

46. Welcher Begriff passt zu welcher Gruppe von Verben? Ergänzen Sie mit der entsprechenden Nummer.

bouteille _____ tiroir _____ verre _____

porte _____ livre _____

47. Betrachten Sie aufmerksam die folgende Zeichnung.

▶ Memo-Tipp 3E + 8

48. Konzentrieren Sie sich auf die folgenden Wörter und deren Position.

▶ Memo-Tipp 3A + 8

sabots
caleçon
pyjama
soutien-gorge
robe de chambre
maillot de corps
survêtement
savates
tablier
pantoufles

47. Antworten Sie mit „vrai“ oder „faux“.

♂ Il …	vrai	faux
1. … porte un pantalon à rayures horizontales.	☐	☐
2. … a une cravate à pois.	☐	☐
3. … a un pull.	☐	☐
4. … a une veste.	☐	☐
♀ Elle …		
5. … a des bottes.	☐	☐
6. … porte une robe moulante.	☐	☐
7. … a une chaîne.	☐	☐
8. … a un sac-à-main.	☐	☐

48. Welche Wörter wurden verschoben oder gelöscht?

sabots

soutien-gorge

caleçon

pyjama

robe de chambre

maillot de corps

survêtement

tablier

savates

pantoufles

Wo trägt man die meisten dieser Kleidungsstücke?

___

49. Lesen Sie die folgenden Sätze und konzentrieren Sie sich vor allem auf die Namen und die dazugehörigen Gegenstände.

▶ Memo-Tipp 3E + 4

Dans la valise

... de Maurice, il y a des tennis, des bâtons de Nordic-Walking et un pantalon de sport.

... de Sylvie, il y a des chaussures de ski, des skis et une luge.

... d'Adrien, il y a des bouteilles d'oxygène, des nageoires, une combinaison et des lunettes de plongée.

... de Lise, il y a une robe de chambre, un bikini et de la crème solaire.

... de Gabriel, il y a des lunettes, des lunettes pour lire, un appareil auditif et son dentier.

50. Lesen Sie die folgende Buchstabenreihe laut vor. Darin finden sich einige „richtige" Wörter, aber auch ein paar Buchstaben, die dort nichts zu suchen haben. Prägen Sie sich die „richtigen" Wörter ein.

▶ Memo-Tipp 3A + 6

d o u c h e r e s a l l e d e b a i n s a b u r e a u s t o i l e t t e s f e n ê

t r e a z u m a t e l a s b i s e r v i e t t e g l u p o r t e s i b a l c o n s i

s a l o n t u é t a g e g e o f a s s a d e s o l r e b i d e t

49. Erinnern Sie sich an die Namen?

Comment s'appelle ...

1. ... le/la mordu(e) de sports d'hiver ? ____________________
2. ... l'amoureux/l'amoureuse de la mer ? ____________________
3. ... le sportif/la sportive ? ____________________
4. ... celui/celle qui fait de la plongée ____________________
5. ... le/la retraité(e) ____________________

Verschnaufpause: Versuchen Sie den folgenden französischen Zungenbrecher laut und ohne zu „stolpern" zu lesen.

Les chaussettes de l'archiduchesse
sont sèches et archi-sèches.

50. An welche Wörter erinnern Sie sich? Und unter welchem Oberbegriff lassen sich diese einordnen?

____

____

____

____

51. Prägen Sie sich die folgenden Wörter in der angegebenen Reihenfolge ein.

▶ Memo-Tipp 3A + 3E

1. gratte-ciel → 2. escalier → 3. bureau →
4. loge du concierge → 5. cave → 6. cloison →
7. grenier → 8. salon → 9. mur →
10. ascenseur → 11. entrée

Verschnaufpause: Lösen Sie die folgende „Gleichung" nach X auf.

four : cuire = matelas : X → X = ____________________

52. Es folgt die Beschreibung einer Wohnung. Bilden Sie die Wohnung mental ab.

▶ Memo-Tipp 3A + 3E

chambre :	lit double, 2 édredons, armoire
cuisine :	frigidaire, four, 2 fenêtres, lave-vaisselle
salon :	télévision, table, 4 chaises, lampe, sofa
salle de bains :	lavabo, baignoire, lave-linge, papier-toilette
entrée :	armoire
débarras :	aspirateur, balai

51. Versuchen Sie nun, die Reihenfolge der Wörter in dem folgenden Schema nachzuverfolgen. Beginnen Sie oben links und enden Sie unten rechts. Schreiben Sie hinter jedes Wort die entsprechende Nummer. Das jeweils folgende Wort kann im Umkreis aller benachbarten Felder stehen. Aber Vorsicht: Jedes Kästchen kann nur einmal verwendet werden.

gratte-ciel	escalier	loge du concierge	salon	mur	entrée
escalier	grenier	bureau	grenier	grenier	mur
bureau	cave	loge du concierge	salon	cloison	salon
cloison	salon	grenier	cave	ascenseur	mur
cave	escalier	cloison	cloison	ascenseur	salon
entrée	bureau	entrée	mur	cave	entrée

52. Beantworten Sie die folgenden Fragen.

1. Il y a combien d'armoires dans l'appartement ? __________
2. Il y a combien d'appareils ménagers ? __________
3. Est-ce qu'il y a dans la salle de bains une baignoire ou une douche ? __________
4. Est-ce qu'il y a une entrée dans l'appartement ? __________
5. Il y a trois fenêtres dans la cuisine ? __________

53. Die folgende Aufgabe testet Ihre Beobachtungsgabe. Lesen Sie aufmerksam die Sätze und versuchen Sie, die Verbindung zwischen den Personen und den jeweiligen Verkehrsmitteln zu verstehen.

▶ Memo-Tipp 8

Michel ne se déplace qu'en moto.

Alain se déplace en auto-stopp ou en avion.

Sophie fait du skateboard.

Valérie préfère le vélo.

Téo prend le train ou le tram.

Verschnaufpause: Versuchen Sie die folgende Frage innerhalb von 20 Sekunden zu lösen.

Combien de roues comptez-vous quand vous voyez 10 vélos, 5 motos avec side-car et trois voitures ?

____

54. Merken Sie sich die Sätze. Vielleicht hilft es Ihnen die typischen Bewegungen nachzumachen.

▶ Memo-Tipp 3D

Quelle faim !	Quelle soif !	Quelle fatigue !	Quel froid !
Quelle chaleur !	Quelle barbe !	Quel vent !	Quel retard !
Quelle pluie !	Quel dégoût !		

53. Haben Sie die Verbindung entdeckt? Dann geben Sie an, welche Verkehrsmittel die folgenden Personen nutzen könnten.

Antoine ______________________________

Mathilde ______________________________

Thomas ______________________________

Erfinden Sie noch weitere Kombinationen aus Vornamen und Verkehrsmittel.

____

____

54. Schreiben Sie die Sätze neben den jeweils passenden Gegenstand.

chauffage → ____________ parapluie → ____________

matelas → ____________ bâillement → ____________

verre → ____________ horloge → ____________

soleil → ____________ écharpe → ____________

sandwich → ____________ cheveu dans la soupe → ____________

55. Prägen Sie sich die folgenden Adjektive und ganz besonders auch deren Position ein.

▶ Memo-Tipp 3A + 8

haut	mince	faible
poli	agressif	près
étroit	distrait	laid
court	bête	petit

Verschnaufpause: Verbinden Sie die folgenden neun Punkte mit lediglich 4 geraden Linien.

56. Merken Sie sich die folgenden Adjektive, die für Charakterbeschreibungen von Personen nützlich sind. Um sich die Adjektive besser einzuprägen, können Sie bei jedem Wort an Personen aus Ihrem Freundes- und Bekanntenkreis denken.

▶ Memo-Tipp 3A + 3E

affectueux	bavard	exigeant	extroverti
jaloux	généreux	impulsif	dynamique
vaniteux	passionné	sociable	têtu

55. Fügen Sie die folgenden Gegenteile entsprechend der Positionen auf der vorangegangenen Seite ein.

attentif	large	beau	loin
fort	bas	grand	gros
intelligent	long	paisible	impoli

____________ ____________ ____________

____________ ____________ ____________

____________ ____________ ____________

____________ ____________ ____________

56. Bringen Sie nun die Adjektive mit Personen aus Ihrem Freundes- und Bekanntenkreis oder mit Prominenten in Verbindung. Versuchen Sie, sowohl männliche, als auch weibliche Namen sowie Pluralformen zu verwenden.

Stefan est extroverti. Hans est ____________________.

Line et Willi sont ____________________

____

____

____

57. Prägen Sie sich die folgenden Adjektive ein.

▶ Memo-Tipp 3A + 4

capable – incapable	patient – impatient	logique – illogique
régulier – irrégulier	content – mécontent	légal – illégal
moral – immoral	ordonné – désordonné	

58. In diesem Reimspiel sollen Sie sich unter Verwendung von Ortsnamen Reime ausdenken. Jede Strophe beginnt dabei mit „J'ai rencontré quelqu'un". Orientieren Sie sich am angegebenen Beispiel und erfinden Sie neue Reime. Die Reime müssen keinen Sinn ergeben, lassen Sie Ihrer Fantasie freien Lauf!

▶ Memo-Tipp 3C + 6

J'ai rencontré quelqu'un, quelqu'un de Rouen
qui adore les éléphants.

J'ai rencontré quelqu'un, quelqu'un de Lyon

qui ______________________________________ .

J'ai rencontré quelqu'un, quelqu'un de Paris,

qui ______________________________________ .

J'ai rencontré quelqu'un, quelqu'un de Bordeaux

qui ______________________________________ .

57. Ergänzen Sie mit der passenden negativen Vorsilbe.

moral	______	content	______
capable	______	régulier	______
légal	______	patient	______
logique	______	ordonné	______

Verschnaufpause: Welches ist die kleinste vierstellige Zahl, die man von links nach rechts und von rechts nach links lesen kann?

______

58. Mit welchen französischen Ortsnamen könnten sich die folgenden Wörter reimen?

cour / ______	glaçon / ______
danger / ______	pois / ______
danse / ______	journal / ______
échelle / ______	matin / ______
cauchemar / ______	clavier / ______

59. Prägen Sie sich die folgenden Buchstaben ein.

▶ Memo-Tipp 7

N – US – RE – VE – IL – R – CL – MA – ÈR – FE

Verschnaufpause: Vervollständigen Sie mit der fehlenden Zahl.

2	→	2
8	→	16
100	→	300
20	→	80
300	→	?

? = ____________

60. Finden Sie den Begriff, der sinngemäß nicht in die jeweilige Wortreihe passt und prägen Sie sich ihn ein.

▶ Memo-Tipp 3A

1. père – parents – mère – facteur

2. grand-père – minette – petite-fille – grand-mère

3. libraire – femme – fiancé – fiancée

4. belle-fille – gendre – leçon – beau-père

59. Wenn Sie bei den folgenden Buchstaben die richtigen der eingeprägten Buchstaben ein- bzw. hinzufügen, erhalten Sie Wörter zum Thema „Familie“.

mè →	______________	coin →	______________
fle →	______________	pe →	______________
fère →	______________	neu →	______________
ri →	______________	mme →	______________
one →	______________	tate →	______________

60. Schreiben Sie die Wörter, die nicht in die jeweilige Reihe gepasst haben, nacheinander auf. Schreiben Sie dann die Anfangsbuchstaben in die Kästchen daneben. Nacheinander gelesen ergeben diese den Oberbegriff für die restlichen Wörter der vorangegangenen Seite.

1. ______________ → □ □
2. ______________ → □ □
3. ______________ → □
4. ______________ → □ □

Lösung: □ □ □ □ □ □ □

61. Prägen Sie sich die folgenden Wörter ein und achten Sie dabei besonders auf deren Genus (maskulin oder feminin).

▶ Memo-Tipp 3A

veuve	célibataire	marié	mari
veuf	séparé	compagnon	femme
pacsée	compagne		

Verschnaufpause: Wie viele geometrische Figuren sind in der folgenden Zeichnung versteckt?

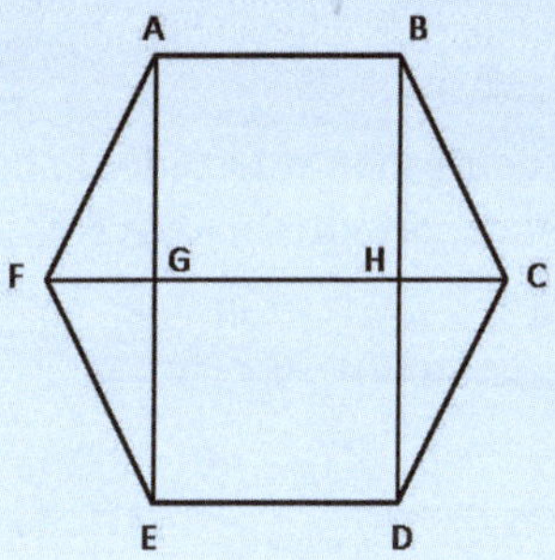

62. Prägen Sie sich die folgenden Wörter ein. Sie mögen auf den ersten Blick ungewöhnlich sein, sind aber bei Reisen nach Frankreich sehr nützlich.

▶ Memo-Tipp 3A + 3E

check-in – atterrissage – voie – chef de gare – cric – phare – carte d'embarquement – contrôle des bagages – place en couchette – décollage – frein – embrayage – essuie-glace

61. Welche Wörter können sich nur auf einen Mann (♂) beziehen? Welche nur auf eine Frau (♀)? Und welche auf Mann und Frau (♂ + ♀)?

♂ ______________________________

____

♀ ______________________________

____

♂ + ♀ ______________________________

62. Welche Wörter könnte man verwendet haben, wenn man mit den folgenden Transportmitteln nach Frankreich gereist ist?

avion : ______________________________

____

train : ______________________________

____

voiture : ______________________________

____

63. Prägen Sie sich die folgenden Wörter ein.

▶ Memo-Tipp 3A + 3E

grêle	neige	pluie	orage	vent
nuage	soleil	brouillard	chaud	froid

Verschnaufpause:
Fügen Sie die Zahlen 1 bis 6 so in das Dreieck ein, dass sich auf jeder der drei Seiten die gleiche Summe ergibt.

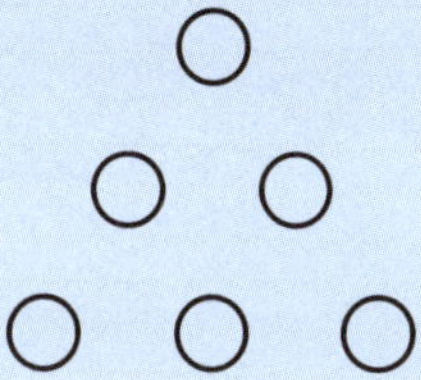

64. Prägen Sie sich die Ausdrücke des folgenden Wetterberichts ein. Die Reihenfolge ist wichtig.

▶ Memo-Tipp 3E + 4

Prévisions météo

aujourd'hui :	brume le matin
demain :	nuages au cours de la journée
mardi :	peu de nuages
mercredi :	précipitations ou orages
jeudi :	augmentation des températures
vendredi :	ciel dégagé ou peu nuageux
samedi :	averses possibles

63. Verwandeln Sie mit Hilfe der unten stehenden Angaben die Wörter der vorangegangenen Seite in einen Satz.

Il tombe de la *grêle* .

Il ______________________ .

Il ______________________ .

Le temps est ______________________ .

Le ______________________ brille.

Le ______________________ souffle.

Il y a des ______________________ .

Il fait ______________________ .

Il fait ______________________ .

Il y a du ______________________ .

64. An welchen Tagen wird das Wetter schön sein und an welchen nicht? Vervollständigen Sie die ersten beiden Zeilen und beantworten Sie dann die Frage nach dem Wochentag.

beau temps : ______________________

mauvais temps : ______________________

Quel jour on est «aujourd'hui» ? ______________________

65. Prägen Sie sich Bild, Schriftzug und Nummerierung ein.

▶ Memo-Tipp 3E

1. interdiction de stationner

2. entrée interdite

3. passage interdit

4. défense de fumer

5. sortie interdite

66. Prägen Sie sich die folgenden Sätze ein. Vielleicht hilft es Ihnen, sich die möglichen Situationen oder Verbotsschilder vorzustellen.

▶ Memo-Tipp 3E + 4

1. Il est interdit de stationner devant la voie d'accès.
2. Il est interdit de traverser les voies.
3. Il est interdit de s'appuyer à la porte.
4. Il est interdit de jouer au ballon.
5. Il est interdit d'emmener un chien ici.
6. Il est interdit de fumer.

65. Was ist verboten? Versehen Sie die folgenden Sätze mit den Bildnummern.

Ne sortez pas ! → Nr. ____

Ne fumez pas ! → Nr. ____

N'entrez pas ! → Nr. ____

Ne passez pas par ici ! → Nr. ____

Ne stationnez pas ici ! → Nr. ____

Wie bildet man im Französischen den verneinten Imperativ?

____

____

66. Schreiben Sie die Verbote mit dem Imperativ. Folgen Sie dem angegebenen Beispiel und verwenden Sie die Formen für *tu* und *vous*. Was fällt Ihnen beim Impertav in der Du-Form auf?

1. *Ne stationne pas ici ! / Ne stationnez pas ici !*
2. ____
3. ____
4. ____
5. ____
6. ____

67. Lesen Sie die folgenden Ausdrücke und achten Sie dabei besonders auf die „Unbekannten“ A, B, X, Y und Z.

▶ Memo-Tipp 4

X au noir – marché du **X** – temps de **X** – **X** en équipe

Y propre – amasser du **Y** – placer son **Y** – financer le **Y**

risque du **Z** – exercer un **Z** – armée de **Z**

A après-vente – **A** du personnel – **A** de presse – **A** public

B familiale – esprit d'**B** – culture d'**B** – travailler dans une **B**

68. Suchen Sie im Buchstabengitter 20 Wörter (Substantive, Abkürzungen und Verben), die dem Bereich „Arbeit“ entstammen. Die Wörter sind waagrecht (von rechts oder von links) und senkrecht (von oben oder von unten) versteckt. Prägen Sie sich die gefundenen Wörter ein.

▶ Memo-Tipp 3A + 6

	T	R	A	D	U	C	T	R	I	C	E	T	I	
O	O	U	V	R	I	E	R	U	T		E	P	N	
N	E	I	C	H	A	R	C	U	T	I	E	R	F	N
E	N		V	E	M	E		E	R	R	E	R	I	V
I	O	E	V	E	R	G		L	I	A	V	A	R	T
T	I	I	T			N	E	H	C	U	A	B	M	E
E	N	B	U	R	E	A	U		C	H	E	F	I	E
R	U	E	I	R	A	L	A	S	S	A		L	E	A
T	E	I		R	R	U	E	S	S	E	F	O	R	P
N	R	E		S	U	O	V	Z	E	D	N	E	R	
E	E	T	I	L	I	B	A	S	N	O	P	S	E	R
	F	O	N	C	T	I	O	N	N	A	I	R	E	

67. Ersetzen Sie die „Unbekannten" X, Y, Z, A und B jeweils mit dem passenden Wort.

X = ________________ Y = ________________

Z = ________________ A = ________________

B = ________________

Verschnaufpause: Schreiben Sie sechs Mal die Ziffer 1 und fügen Sie ein Rechenzeichen dazwischen (immer dasselbe). Das Endergebnis muss 15 lauten.

________________________________ = 15

68. Welche Wörter haben Sie gefunden?

____

____

____

____

Überprüfen Sie Ihre Angaben mit der Lösung und kehren Sie dann wieder zu dem Buchstabengitter auf der vorangegangenen Seite zurück. Die nicht verwendeten Buchstaben bilden eine französische Redensart zum Thema „Arbeit".

____

69. Prägen Sie sich die Namen der Präsidenten der französischen Republik in der angegebenen chronologischen Reihenfolge ein.

▶ Memo-Tipp 3A

De Gaulle	Pompidou	Giscard d'Estaing
Mitterrand	Chirac	Sarkozy

70. Prägen Sie sich die Schriftzüge ein.

▶ Memo-Tipp 3E + 4

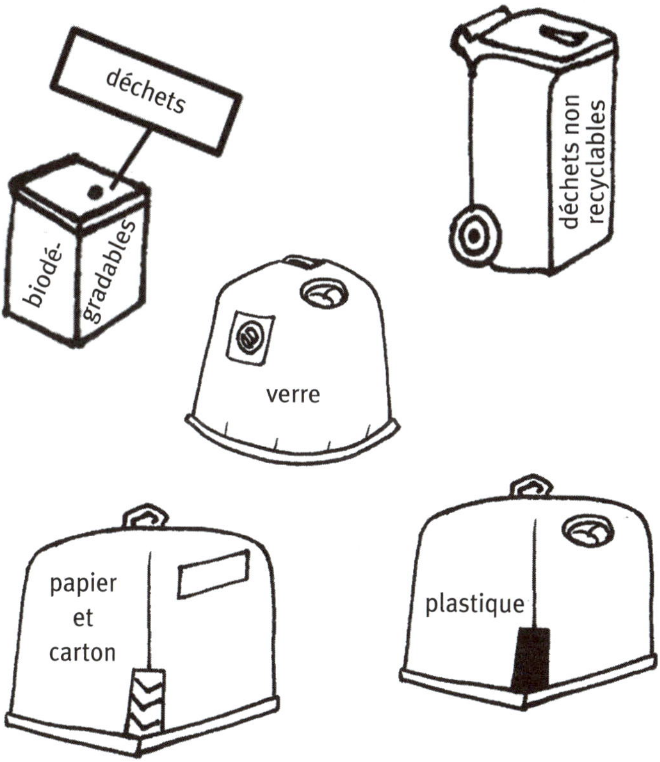

69. Aus Versehen haben wir den Namen des Vorgängers von De Gaulle vergessen. Wenn Sie die Ihnen bekannten Namen hier unten aufschreiben, erhalten Sie – nacheinander gelesen – seinen Nachnamen (blau hinterlegte Felder).

□□□□AC   □□ GA□□□□

□□□□ID□□   □□□□□□RA□□

□□S□□R□   D'E□□□□□G

S□□□□Z□

70. „Werfen" Sie die folgenden Gegenstände in den jeweils passenden Müllcontainer.

journaux – bouteille de lessive – serviettes en papier utilisées –
livre – bouteille – épluchures de fruits – cahier – verre –
coquille d'œuf – marc de café – sachet de thé –
couverts en plastique sales

déchets biodégradables   ____________________

____________________   ____________________

____________________   ____________________

____________________   ____________________

____________________   ____________________

71. Prägen Sie sich den Sinn der folgenden Sätze und deren Nummerierung ein.

▶ Memo-Tipp 4

Quand j'étais jeune ...

1. je n'aimais pas lire.
2. je dormais beaucoup.
3. je sortais beaucoup.
4. j'aimais les enfants.
5. j'entendais très bien.
6. j'étais fondamentalement insatisfait.
7. j'allais toujours au bord de la mer.
8. je rêvais beaucoup.
9. je détestais l'école.

72. Konzentrieren Sie sich auf die Verben in den Vergangenheitszeiten.

▶ Memo-Tipp 4

Hier quand je suis allé au centre ville, j'ai rencontré dans un parc ma nièce et sa mère. Ma nièce était dans sa poussette, et tenait une glace à la main, elle était très contente. Soudain un chien est arrivé et lui a volé sa boule de glace. Alice n'avait plus que le cornet dans la main et pleurait, pendant que le chien mangeait sa glace à côté le plus tranquillement du monde.

71. Nun ist alles anders. Schreiben Sie die den vorangegangenen Aussagen sinngemäß jeweils entsprechende Nummerierung neben die Sätze.

Aujourd'hui au contraire...

j'ai des insomnies. ____

je suis un peu sourd. ____

je ne les supporte plus. ____

je déteste le bruit et la foule. ____

je n'aime plus que les montagnes. ____

j'en ai des souvenirs mélancoliques. ____

je passe ma vie à lire les journaux, des romans et des poèmes. ____

Vieillir, est-ce que c'est grave ? Mais non ! Aujourd'hui je les ai tous réalisés. ____

je vais vraiment bien. ____

72. Tragen Sie die Verben der Erzählung ein.

imparfait :

____

passé composé :

____

73. Betrachten Sie aufmerksam die Zeichnungen und die dazugehörigen Namen.

▶ Memo-Tipp 3E

Paul

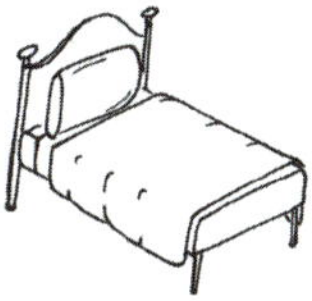
Marc

Claire

Luc

Lucie

Florence

Alexandre

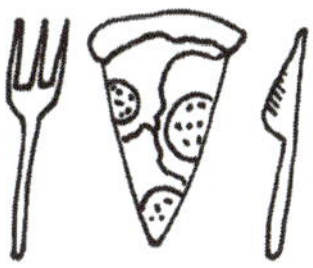
Élise

74. Prägen Sie sich den folgenden Satz ein.

▶ Memo-Tipp 3D

Je suis en train de faire une pause :

je marche, je chante, je téléphone,

je sifflote, je m’étire, je bâille, je suce un bonbon,

je fais des pompes, je me détends.

73. Beantworten Sie die Fragen.

1. Qui est en train de dormir ? ________________
2. Qui est en train de faire une promenade ? ________________
3. Qui est en train de lire ? ________________
4. Qui est en train de fumer ? ________________
5. Qui est en train de manger ? ________________
6. Qui est en train de peindre ? ________________
7. Qui est en train de boire ? ________________
8. Qui est en train de regarder la télévision ? ________________

Verschnaufpause: Zeichnen Sie eine Blume, die zur logischen Reihenfolge der anderen Blumen passt.

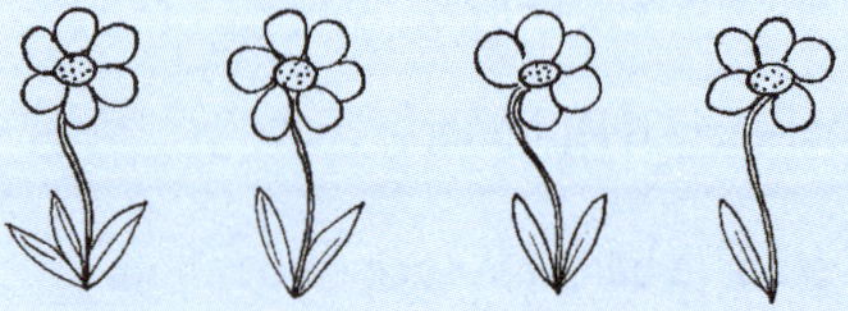

74. Stehen Sie nun auf und machen Sie wirklich eine Pause. Wiederholen Sie laut den Satz und machen Sie die Tätigkeiten nach. Und wenn Ihnen der Sinn noch nach anderen Pausenaktivitäten steht, machen Sie natürlich auch diese.

75. Merken Sie sich die folgenden Buchstaben. Helfen Sie sich dabei mit einer Eselsbrücke.

▶ Memo-Tipp 6 + 7

OU EAU CH RE OT CO T PI

Verschnaufpause: Versuchen Sie den folgenden französischen Zungenbrecher laut und ohne zu „stolpern" zu lesen.

Un chasseur
sachant chasser
doit savoir chasser
sans son chien.

76. Lesen Sie aufmerksam und prägen Sie sich die Details ein.

▶ Memo-Tipp 3E + 4

1. J'ai sept ans comme Claire ma maîtresse. Je m'appelle Benji et je suis tout blanc. Je suis très affectueux, je tiens compagnie à Claire et miaule quand je suis heureux. Je suis presque tout le temps couché sur le canapé dans le salon.

2. Je m'appelle Fidèle. Je suis noir. J'ai quatre ans et quatre pattes. Je vis avec mon maître dans sa maison que je surveille attentivement. La nuit, je dors dehors dans ma niche.

3. Je m'appelle Bubulle, je suis tout rouge et vis dans un bocal plein d'eau. Je ne parle jamais. Tous m'aiment bien dans la maison mais j'ai un ennemi, Benji.

75. Verwenden Sie die Buchstaben, um die folgenden Tiernamen zu vervollständigen.

☐ ien	☐ ique	☐ at	va ☐ e
zèb ☐	taur ☐	☐ q	m ☐ che
☐ rs	la ☐ n	m ☐ ton	marm ☐ te
m ☐ stique	corb ☐	lièv ☐	escarg ☐
☐ geon	☐ chon	☐ arie	p ☐ le

76. Beantworten Sie die Fragen.

1. Qui sont les animaux interviewés et comment s'appellent-ils ?

   ____

2. Où vivent-ils ? ______________________________

3. De quelles couleurs sont-ils ? ______________________________

4. Qui est Claire et quel âge a-t-elle ?

   ____

   ____

5. Deux animaux vivent sous le même toit. Lesquels ?

   ____

77. Prägen Sie sich die folgenden Wörter ein, die keinen erkennbaren Zusammenhang aufweisen. Nutzen Sie dazu Ihre Fantasie, indem Sie sich z. B. eine Geschichte ausdenken, die die Wörter verbindet.

▶ Memo-Tipp 5

salade	sourd	poisson
salle	porte	boîte

Verschnaufpause: Vervollständigen Sie den vierten Dominostein.

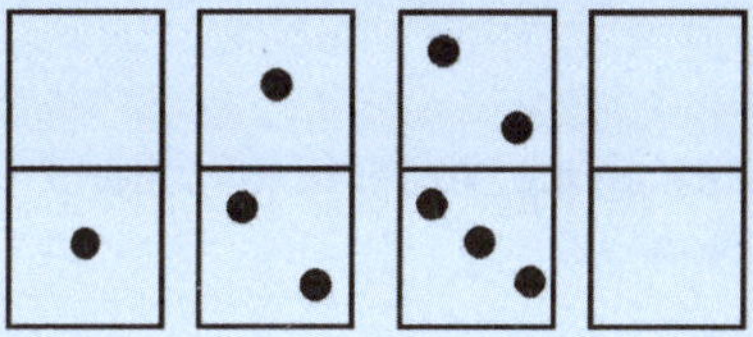

78. Prägen Sie sich die folgenden Wörter ein. Sie ergeben auch ohne die Zusätze in Klammern einen Sinn. Die Wörter in den Klammern erläutern jedoch den Verwendungskontext.

▶ Memo-Tipp 4

bande (d'arrêt d'urgence)	accident (de la route)
victime (d'un accident)	tournant (dangereux)
ceinture (de sécurité)	limite (de vitesse)
collision (frontale)	

77. Die Wörter der vorangegangenen Seite sind allesamt die ersten Teile zusammengesetzter Wörter. Versuchen Sie nun, die eingeprägten ersten Wortteile mit den unten stehenden Wörtern zu verbinden (Mehrfachnennungen sind möglich).

________ à outils	________ du bureau	________-muet
________ à manger	________-chat	________manteau
pâté de ________	________ de secours	________ de fruits
________ à chaussures	________feuille	________ à lettres

78. Erinnern Sie sich an die Wörter in Klammern? Vervollständigen Sie.

limite ________________________________

victime ________________________________

accident ________________________________

collision ________________________________

ceinture ________________________________

bande ________________________________

tournant ________________________________

79. Betrachten Sie die folgenden Gegenstände, sprechen Sie deren Bezeichnungen mehrmals laut und prägen Sie sich die Wörter ein.

▶ Memo-Tipp 3E

boulon

gant

écran

lunettes

clé

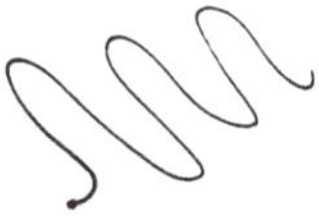
fil

peigne

cigarette

lampe

téléphone

couvercle

80. Prägen Sie sich die folgende Liste mit Haushaltsgegenständen ein.

▶ Memo-Tipp 3A + 3E

marteau	presse-citron	balai
aiguille	fer à repasser	congélateur
lecteur CD	cuisinière	chiffon
	couteau électrique	

79. Die Gegenstände auf der vorangegangenen Seite lassen sich nicht ohne die folgenden Dinge verwenden. Finden Sie die entsprechenden Gegenstandspaare mit Hilfe der angegebenen Wörter. Schreiben Sie unter die jeweilige Zeichnung das entsprechende Begriffspaar.

casserole • ordinateur • allumette • trou de serrure • ~~vis~~ • ampoule • aiguille • combiné • nez • cheveux • main

______ + ______

______ + ______

boulon + *vis*

______ + ______

______ + ______

______ + ______

______ + ______

______ + ______

______ + ______

______ + ______

______ + ______

80. Was ist heute alles zu tun und mit welchen Gegenständen?

1. repasser : ______
2. congeler des aliments : ______
3. couper la viande : ______
4. coudre : ______
5. dépous-siérer : ______
6. faire de la limonade : ______
7. enfoncer un clou : ______
8. écouter de la musique : ______
9. faire la cuisine : ______
10. balayer : ______

81. Eine geheimnisvolle Schatzkarte erwartet Sie auf der folgenden Seite. Statt aus Buchstaben besteht der Text nur aus Zahlen (jede Zahl entspricht einem Buchstaben). Entschlüsselt wurden bisher lediglich 8 Buchstaben. Prägen Sie sich diese zusammen mit der entsprechenden Ziffer ein.

▶ Memo-Tipp 3F + 6

1 = T 2 = R 3 = O 4 = V

5 = S 6 = C 7 = U 8 = D

Verschnaufpause: Das „magische Quadrat" heißt so, weil die Summe aller waagrechten, senkrechten und diagonalen Zahlen immer identisch ist. Vervollständigen Sie es.

6		8
	5	
2		4

82. Prägen Sie sich die folgenden Wörter ein. Die Reihenfolge ist wichtig.

▶ Memo-Tipp 3A

1. Jésus
2. souhaits
3. voyage
4. décembre
5. guirlande
6. cadeaux
7. chants
8. étoile
9. arbre

81. Entschlüsseln Sie mit Hilfe der Kenntnisse von der vorangegangenen Seite nun den restlichen Text (Akzente nicht berücksichtigt).

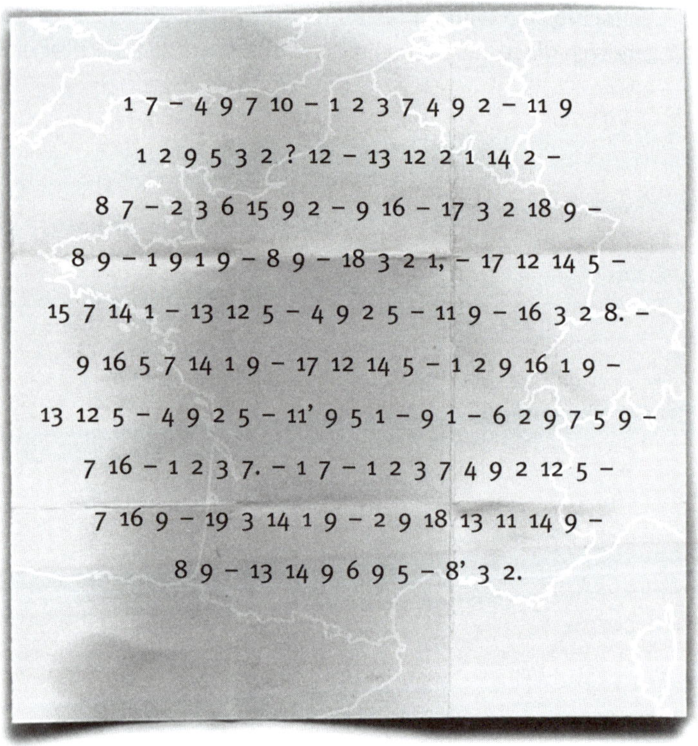

82. Notieren Sie nun folgende Buchstaben („W“ + Zahl bezeichnet das jeweilige Wort, „B“ + Zahl den entsprechenden Buchstaben des Wortes).

W1	W2	W3	W4	W5	W6	W7	W8	W9	W8	
										!
B1	B2	B3	B8	B2	B7	B4	B3	B5	B5	

83. Prägen Sie sich die Sätze ein. Es handelt sich um Zukunftsüberlegungen „unserer Vorfahren“.

▶ Memo-Tipp 3E + 4

Qui sait si les enfants de nos enfants ...

1. ... se réchaufferont encore avec du feu.
2. ... se déplaceront encore à pied.
3. ... dormiront encore dans une grotte.
4. ... se battront encore avec des lances.
5. ... mettront encore des peaux d'animaux.
6. ... chasseront encore pour se nourrir.

84. Lesen Sie die Sätze laut vor. Wiederholen Sie sie dann mit geschlossenen Augen „rückwärts“ nach dem unten angegebenen Schema. Prägen Sie sich dabei auch die Reihenfolge der Sätze ein.

▶ Memo-Tipp 4

Beispiel:
Demain, j'irai au bord de la mer.
mer – au bord de la mer – j'irai au bord de la mer – Demain, j'irai au bord de la mer.

1. J'arriverai trop tard, comme toujours.
2. Viendras-tu demain plus tard au bureau ?
3. Ce soir il me dira ce qu'il a l'intention de faire.
4. Je pense que nous les inviterons à Pâques.
5. Je me demande toujours si vous réussirez l'examen.
6. Je l'ai invitée seulement hier. Viendra-t-elle ?

83. Auf welche Sätze beziehen sich die Zeichnungen? Schreiben Sie die entsprechenden Sätze wie im Beispiel neben die passenden Zeichnungen.

Se déplaceront-ils à pied ? ______

______

______

______

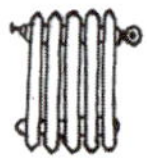

______

______

84. An welcher Stelle im Satz steht das Verb im Futur? Notieren Sie Position und Verb wie im Beispiel.

1. *zweites Wort (arriverai)* ______
2. ______
3. ______
4. ______
5. ______
6. ______

85. Prägen Sie sich die folgenden vier Wörter ein.

▶ Memo-Tipp 6

1. ALIMENTS 2. ANIMAUX 3. PERSONNES 4. VERBES

Verschnaufpause:
Drehen Sie den Stuhl um 90 Grad, indem Sie lediglich zwei der Streichhölzer verschieben.

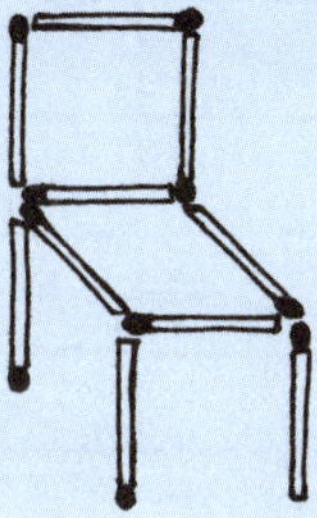

86. Ergänzen Sie die Sprichwörter (Tipp: sie reimen sich!) und prägen Sie sie sich zusammen mit der dazugehörigen Nummer ein. Überprüfen Sie Ihre Ergänzungen dann mit den Lösungen.

▶ Memo-Tipp 3C + 4

1. Qui ne risque □□□□, n'a rien.
2. C'est le □□□ qui fait la chanson.
3. Comparaison n'est pas □□□□□□.
4. Mariage pluvieux, mariage □□□□□□□.
5. Noël au □□□□□□, Pâques aux tisons.
6. Cœur qui soupire n'a pas ce qu'il □□□□□□.

85. Finden Sie für jeden der folgenden Anfangsbuchstaben ein Wort, das zu den vier Themenbereichen der vorangegangenen Seite passt.

	1. ________	2. ________	3. ________	4. ________
G				
L				
M				
P				
S				

86. Zu welchen Sprichwörtern gehören die folgenden Erklärungen?

☐ = a. S'il fait chaud à Noël, il fera froid à Pâques.

☐ = b. Une comparaison ne prouve rien.

☐ = c. On n'obtient rien sans prendre de risques.

☐ = d. Quand on soupire, on n'est pas satisfait.

☐ = e. C'est la manière dont on dit les choses qui montre l'intention véritable.

☐ = f. S'il pleut le jour d'un mariage, ce mariage sera heureux.

87. Merken Sie sich die folgenden Fragen und ihre Reihenfolge. Überlegen Sie sich auch mögliche Antworten auf die Fragen.

▶ Memo-Tipp 3E + 5

1. Qu'est-ce que vous pouvez porter ? ____________________
2. Qu'est-ce que vous pouvez attacher ? ____________________
3. Qu'est-ce qui peut s'effondrer ? ____________________
4. Qu'est-ce que vous pouvez lire ? ____________________
5. Qu'est-ce que vous pouvez faire ? ____________________

88. Prägen Sie sich die folgenden Definitionen in der angegebenen Reihenfolge ein.

▶ Memo-Tipp 4

1. On y cuit les gâteaux.
2. Les élèves jouent dans cet endroit pendant la récréation.
3. Le contraire de contre.
4. Ils habitent dans le cuir chevelu des êtres humains.
5. Une matière collante et noire.
6. Le contraire de guerre.

87. Kreuzen Sie die jeweils richtige Antwort an.

1. ... mais qui n'est pas dans votre garde-robe ?
   - ☐ des chaussures
   - ☐ une veste
   - ☐ un chemisier
   - ☐ un toast

2. ... sans faire de nœud ?
   - ☐ les lacets
   - ☐ une écharpe
   - ☐ une cravate
   - ☐ la ceinture de sécurité

3. .... en temps de crise ?
   - ☐ l'économie.
   - ☐ une maison.
   - ☐ un pont.
   - ☐ un château de cartes.

4. ... sans papier ?
   - ☐ le journal
   - ☐ un livre
   - ☐ l'avenir
   - ☐ une lettre

5. ... sans argent ?
   - ☐ un voyage
   - ☐ une promenade
   - ☐ aller au cinéma
   - ☐ aller au restaurant

88. Bei einem Metagramm verwandelt sich durch Veränderung eines Buchstabens ein Wort in ein anderes (z. B. Maus, Laus, Laut, ...). Versuchen Sie mit Hilfe der Definitionen, Wörter zu finden, die das folgende Metagramm lösen.

1. *four* → 2. ________ → 3. ________ →

4. ________ → 5. ________ → 6. *paix*

89. Merken Sie sich die Verbindungen aus Farbe und Satz. Denken Sie dabei an Ihre fünf Sinne!

▶ Memo-Tipp 3E + 3G

noir → Qu'est-ce que c'est beau !

jaune → Quel parfum envoûtant !

vert → Comme cette tarte est bonnne !

blanc → Tu n'entends pas ?

bleu → Que ce tissu est doux !

90. Lesen Sie sich die folgenden Sätze aufmerksam durch und prägen Sie sie sich ein. Die Sätze beinhalten alle eine besondere Schwierigkeit für Lerner mit deutscher Muttersprache. Versuchen Sie herauszubekommen, von welcher Schwierigkeit die Rede ist.

▶ Memo-Tipp 8

1. Les infusions de camomille ne lui ont pas apporté suffisamment d'éléments nutritifs. Une perfusion a également été nécessaire.
2. Cette boîte de conserve contenait des doses élevées de salmonelles.
3. Il a caché dans sa doublure un double des clés.
4. Sur l'ordonnance de mon médecin, il n'y avait que de vieilles recettes de grand-mère pour lutter contre le rhume.
5. Il a terminé sa meringue et m'a donné un baiser sucré.
6. Elle lui a donné un conseil pour se débarrasser des rats.

89. Welche „Farbe“ haben die folgenden Sätze?

1. ________ → On a sonné. Tu peux ouvrir la porte ?
2. ________ → D’où vient cette odeur de brûlé ?
3. ________ → Qu’est-ce qu’il fait chaud !
4. ________ → Tu as oublié le sel ? Cela n’a aucun goût !
5. ________ → Quelle belle journée !
6. ________ → Elles sont d’un cuir trop grossier.
7. ________ → Le téléphone est toujours occupé.

90. Haben Sie bemerkt, dass in jedem Satz ein „falscher Freund“ zusammen mit seiner richtigen Übersetzung versteckt war? Schreiben Sie alle falschen Freunde wie im Beispiel angegeben auf.

Infusion = *perfusion* → *infusion* = *Kräutertee*

________ = ________ → ________ = ________

________ = ________ → ________ = ________

________ = ________ → ________ = ________

________ = ________ → ________ = ________

________ = ________ → ________ = ________

91. Merken Sie sich die folgenden Wörter.

▶ Memo-Tipp 3E + 6

océan	chien
mine	perle
cause	sucre
camion	lampe
marche	mai

Verschnaufpause: Stellen Sie sich vor, Sie haben ein Seil von 26 Metern Länge und schneiden davon jeden Tag zwei Meter ab. Nach wie vielen Tagen sind Sie damit fertig?

Nach ______ Tagen.

92. Vervollständigen Sie die folgenden Verben mit einem Ihnen geläufigen, passenden direkten Objekt. Prägen Sie sich die Verben dann ein.

▶ Memo-Tipp 4

adopter ______________	épouser ______________
porter ______________	mettre ______________
faire ______________	promouvoir ______________
prendre ______________	poser ______________

91. Die folgenden Wörter sind Anagramme derjenigen Wörter, die Sie sich gerade eingeprägt haben. D. h. die Buchstaben wurden innerhalb eines Wortes so umgestellt, dass ein neues Wort entsteht. Schreiben Sie neben jedes Anagramm das entsprechende ‚ursprüngliche' Wort aus der Liste der vorangegangenen Seite (Akzente nicht berücksichtigt).

niche	→	*chien*	sauce	→	____________
charme	→	____________	ami	→	____________
canoë	→	____________	cures	→	____________
mien	→	____________	palme	→	____________
manioc	→	____________	lèpre	→	____________

92. Ergänzen Sie die folgenden direkten Objekte mit den Verben der vorangegangenen Seite. Achtung: Die Bedeutung der Verben kann sich im Vergleich zu den Ausdrücken, die Sie gebildet haben, verändern.

____________ une campagne	____________ des rideaux
____________ une idée	____________ une photo
____________ la poisse	____________ une personne en danger
____________ peur	____________ une méthode

Das Lesen bzw. Leseverstehen ist eine Fähigkeit, die sich durch spezifische Übungen verbessern lässt. Im Folgenden stellen wir Ihnen ein paar Möglichkeiten vor.

1. Schneller lesen

Um in einem Text gezielt die Informationen zu entdecken, die Sie interessieren und dabei die unwichtigen Stellen zu vernachlässigen, muss man in der Lage sein, schnell zu lesen. Testen Sie sich: Nehmen Sie eine Stoppuhr (womöglich hat Ihr Mobiltelefon eine entsprechende Funktion), ein Buch oder eine Zeitung in Ihrer Muttersprache und überprüfen Sie, wie viele Wörter Sie innerhalb einer Minute lesen können (Artikel oder Konjunktionen zählen dabei nicht als eigenständige Wörter).
Wenn Sie mehr als 300 Wörter geschafft haben, sind Sie bereits ein sehr schneller Leser. Wenn Sie darunter liegen, sollten Sie nach und nach versuchen, die Geschwindigkeit beim Lesen zu erhöhen. Übung macht den Meister: Denn je mehr Sie lesen, desto schneller lesen Sie. Außerdem gewöhnt sich das Gehirn innerhalb kurzer Zeit an das schnellere Tempo beim Lesen. Es ist bei einem schnellen Lesetempo insgesamt sogar leistungsfähiger!

2. Texte „überfliegen“

Wenn man einen Text „überfliegt“ – oder „quer“ liest – verschafft man sich einen ersten Überblick. Die Beherrschung dieser Technik ist wichtig für die Beurteilung, ob es sich lohnt, einen Text genauer – also Wort für Wort – zu lesen oder nicht. Dazu muss man sich darüber bewusst sein, welche Informationen man in einem Text finden möchte (Namen, Begriffe etc.). Beim Überfliegen des Textes müssen Sie dann auf Wörter, die mit dem Gesuchten in Verbindung stehen, Acht geben (und diese eventuell unterstreichen). Anhand der (Menge der) Signalwörter können Sie dann entscheiden, ob der Text für Ihre Zwecke geeignet ist (selektives Leseverstehen). Viele Texte müssen also nicht bis ins Detail gelesen werden. Auch um in einem Text die groben Zusammenhänge wiedergeben zu können, reicht es, ihn zu „überfliegen“. Dabei sucht man Antworten auf die sogenannten W-Fragen: Wer? Was? Wann? Wo? Wie? Warum? etc. Wenn Sie einen Text vor dem Hintergrund dieser Leitfragen „überfliegen“, erkennen Sie schnell den Gesamtzusammenhang (globales Leseverstehen).

3. Blickfeld erweitern

Die Erweiterung des Blickfelds erlaubt es, die Lesemenge mit einem Blick zu erweitern, also längere Wörter oder ganze Sätze schneller zu erfassen. Je stärker das Blickfeld eingeschränkt ist, desto eingeschränkter arbeitet das Gehirn. Fordern Sie Ihr Gehirn also, indem Sie Ihr Blickfeld und damit die zu verarbeitende Datenmenge erweitern. Testen Sie sich, indem Sie – ohne die Augen zu bewegen – versuchen, so viele Wörter wie möglich zu erfassen.

4. Inhalte „erraten“

Kontextgebundenes „Erraten“ von Buchstaben und Silben erleichtert und beschleunigt den Leseprozess. Bei geläufigen Wörtern werden dabei z. B. nicht alle Silben bewusst gelesen, sondern passend im Gehirn ergänzt, sodass das Wort vor dem jeweiligen Texthintergrund Sinn ergibt.

5. Vermutungen anstellen

Stellen Sie im Vorfeld Vermutungen über den möglichen Inhalt eines Textes an (z. B. anhand seiner Überschrift). Hilfreich sind

auch hier die W-Fragen. Dieser Schritt wird Ihnen das Textverständnis erleichtern und Ihnen außerdem helfen, den Inhalt besser im Gedächtnis zu behalten.
Es spielt letztlich auch keine Rolle, ob Ihre Vermutungen zutreffen. Denn die Auseinandersetzung mit Vermutungen vor dem Lesen gewährleistet während des Lesens eine aktivere und effektivere Aufnahme der Inhalte und sorgt außerdem für Bestätigungen oder Überraschungen.

6. Details erfassen

Wenn man in einem Text Einzelheiten verstehen möchte, spricht man vom detaillierten oder analytischen Lesen. Man liest Wort für Wort, Zeile für Zeile, Absatz für Absatz. Um alles zu erfassen und zu verstehen, muss man den Vorgang evtl. auch wiederholen.
Um sich die Inhalte dann auch zu merken, können Sie natürlich wieder auf die Ihnen aus den vorangegangenen Übungen bereits bekannten Memo-Tipps zurückgreifen.

Die folgenden Übungen greifen die hier dargestellten Lesestrategien wieder auf. Die Verweis ▶ L + Ziffer führt Sie zu der jeweils für eine Aufgabe anwendbaren Lesestrategie. Die übrigen Angaben beziehen sich auf die zu Beginn des Buchs dargestellten Memo-Tipps.

93. Lesen Sie den folgenden Text lautlos und stoppen Sie die Zeit, die Sie dafür benötigen. Lesen Sie den Text insgesamt drei Mal und stoppen Sie jedes Mal die Zeit. Haben Sie sich verbessert? Um wie viele Sekunden? ▶ L1

Le café est certainement la boisson la plus connue au monde. Son nom est identique presque partout mais en Éthiopie, son pays d'origine, le café est nommé *bunna*. Le café provient donc d'Éthiopie, d'une région qui s'appelle Kaffa et où les premières plantes ont été découvertes. Pendant des siècles, on ne buvait pas de café. Les grains étaient mangés en entier ou concassés et mélangés à du beurre chaud, une habitude qui existe encore dans quelques villages reculés de cette région. Parmi les légendes sur la découverte du café, on trouve celle d'un berger de Kaffa qui possédait des chèvres très paresseuses et toujours somnolentes. Mais un jour, après avoir mangé les baies d'une plante, les bêtes furent pleines d'énergie. Alors le berger goûta ces baies et les trouva très stimulantes. Un moine qui avait vu le berger si heureux, voulut également goûter à ses baies et remarqua que son esprit était plus vif tout au long de sa longue nuit de prières. Ainsi le moine révéla le secret du café qui se répandit d'abord en Éthiopie, puis dans le monde entier.

94. Erkennen Sie so schnell wie möglich das Wort, das nicht in die jeweilige Reihenfolge passt.

▶ L2

1. cour four pour tour
2. mon bon ton son
3. air aide aile aigle
4. pain naine lin sain
5. fa ma sa ta

95. Lesen Sie die Wörter, indem Sie immer das kleine Quadrat im Auge behalten. ▶ L3

▪	▪
thé	teint
▪	▪
trois	tien
▪	▪
train	tenir
▪	▪
traîner	tendre
▪	▪
entrain	étendre
▪	▪
s'entraîner	prétendre
▪	▪
s'entraînera	précipitation

96. Lesen Sie Zeile für Zeile, aber fixieren Sie mit Ihrem Blick dabei die Mitte des Textes. ▶ L3

fa

fait

affect

affection

affectivité

affectueux

affectueuse

affectueusement

97. Lesen Sie die folgenden französischen Wörter laut. Sie sind Ihnen im Laufe der vorangegangenen Übungen bereits begegnet.

▶ L4

l▪mpe	pro▪en▪de	a▪tom▪▪
tr▪ns▪ar▪nt	j▪mbe	g▪and-mè▪▪
nov▪mb▪e	l▪▪tre	ore▪▪le
▪om▪re	pi▪ci▪e	tél▪visi▪n
j▪▪ne	d▪c▪▪vr▪r	tr▪va▪▪

e▪▪rcer une pr▪fe▪▪▪on

98. Lesen Sie laut den folgenden Zeitungsbericht und ergänzen Sie dabei möglichst flüssig die fehlenden Vokale.

▶ L4

Un▪ fill▪tt▪ v▪nd s▪ gr▪nd-m▪r▪ s▪r eBay

Un▪ fill▪tt▪ d▪ d▪x ▪ns a pr▪p▪sé s▪ gr▪nd-m▪r▪ à la v▪nt▪ aux ▪nchèr▪s s▪r eBay p▪rc▪ qu'▪ll▪ ne la s▪pp▪rt▪▪t pl▪s. S▪r le s▪t▪ ▪ntern▪t, l▪ gr▪nd-m▪r▪ est décr▪t▪ c▪mm▪ une p▪rs▪nn▪ qui se pl▪▪nt c▪nst▪mment mais qui ▪st ▪▪ssi tr▪s aff▪ctu▪▪se. L▪ fill▪tt▪ n'a pas prop▪s▪ de pr▪x d▪ bas▪, m▪▪s av▪nt que c▪tt▪ ▪ffre n▪ soit effac▪▪ du s▪t▪, 27 prop▪s▪t▪▪ns éta▪▪nt déj▪ arr▪v▪▪s.

99. **Lesen Sie den folgenden Text laut vor. Ergänzen Sie die fehlenden Informationen beim Lesen.** ▶ L4

Prise d'un piranha de 300 g

Grosse surprise pour un pêcheur qui est revenu avec un butin inhabituel à la maison : un piranha de 300 g. Il pourrait s'agir d'un piranha que quelqu'un aurait jeté dans la rivière après avoir vidé son propre aquarium.

100. **Suchen und unterstreichen Sie im Text die Wörter, die Sie dem Bereich „Kriminalität" zuordnen (auch wenn Sie die genauen Wortbedeutungen nicht kennen).** ▶ L2

Demande de rançon pour un chat, 7 personnes arrêtées

Les malfaiteurs ont kidnappé un chat et exigé une rançon en échange mais la propriétaire a porté plainte. Sept personnes impliquées dans le kidnapping ont été arrêtées. La propriétaire avait eu un coup de téléphone anonyme. Une voix annonçait que son matou avait été enlevé et exigeait une somme de 20 € pour sa remise en liberté. La femme a accepté. Cependant, avant de se rendre sur le lieu de l'échange, elle avait prévenu la police. Elle a porté plainte contre les ravisseurs : 4 femmes et trois hommes.

Lesen Sie den Text erneut, diesmal mit dem Augenmerk auf die Vergangenheitszeiten.

101. Interessieren Sie sich für Sport (a), Gerichtsberichte (b), Medizin (c), Wirtschaft (d), Nachrichten aus aller Welt (e) und von Stars und Sternchen (f)? Welche der folgenden Artikel würden Sie lesen?

▶ L2 + L5

1. Découverte d'un cahier de McCartney ___f___
2. Un otage téléphone du coffre d'une voiture ______
3. Chute de la bourse en Europe et en Asie ______
4. Un conducteur de bus parti dîner pendant son service ______
5. De grandes attentes mais aucun but ______
6. Découverte d'un gène des tumeurs cervicales en France ______

102. Lesen Sie den Artikel vor dem Hintergrund der folgenden Fragen.

▶ L2

1. Qui est le protagoinste de l'action ?
2. Que s'est-il passé ?

Un retraité superhonnête

Un retraité de 70 ans a trouvé un billet de loto d'une valeur de 15.000 € et l'a rendu à son propriétaire. Le vieil homme était en train de se promener lorsqu'il a trouvé le billet de loto, quelques portraits de saints et le récépissé d'une carte de téléphone prépayée dans un portefeuille. Grâce au récépissé sur lequel se trouvait le numéro de portable, il a réussi à retrouver son propriétaire, un employé de 36 ans.

103. Lesen Sie die folgende Schlagzeile und stellen Sie eine kurze Vermutung über den Inhalt des dazugehörigen Zeitungsartikels an. Die W-Fragen können Ihnen dabei als Leitfragen behilflich sein. Blättern Sie dann um. ▶ L5

Des voleurs appellent le 112[1] et demandent de l'aide

(1) Notrufnummer in Frankreich

104. Lesen Sie den folgenden Artikel und prägen Sie sich die darin genannten Detailangaben (Maße, Kosten, etc.) ein. Versuchen Sie dann, die Aufgabe auf der folgenden Seite zu lösen. ▶ L6 + Memo-Tipp 4 + 8

NEW YORK – LA MAISON LA PLUS ÉTROITE EST EN VENTE

La maison la plus étroite de New York est en vente, pour la coquette somme de 2,75 millions de dollars. La maison est située à Greenwich Village, fait moins de trois mètres de large, a trois étages pour une superficie totale de 140 mètres carrés. Construite en 1873, elle a été la demeure de personnalités célèbres comme l'anthropologue Margaret Mead, la poétesse Edna Millay et les acteurs Cary Grant et John Barrymore.

103. Treffen Ihre Vermutungen zu? Lesen Sie den zur Schlagzeile gehörigen Zeitungsartikel.

Ils ont été surpris au moment où ils voulaient voler l'essence des propriétaires d'un commerce de voitures.

Ceux-ci les ont poursuivis. Deux voleurs ont composé le 112 et appelé à l'aide. Les voleurs ont enfoncé la porte mais ont été surpris par les propriétaires armés de battes et qui les ont alors pas eu d'autre choix que d'appeler la police : «Arrêtez-nous, sinon ils vont nous rouer de coups» ont-ils dit. Peu de temps après les policiers les ont écoutés.

104. Ergänzen Sie die fehlenden Informationen (Zahlen und Namen).

La maison la plus étroite de New York est à vendre au prix de

____________________ .La maison fait moins de ______ mètres de

large, a ______ étages pour une superficie de ______ m².

Elle a été construite en ______ .

Des personnalités célèbres comme

__________________________ , __________________________ ,

_____________________ et _____________________ y ont habité.

105. Lernen Sie den Text auswendig.

▶ L6 + Memo-Tipp 3E + 4

Pourquoi le ciel est bleu ?
L'atmosphère terrestre est une couche de gaz qui entoure la terre et la protège des rayons du soleil. Elle ne laisse passer qu'une seule des sept couleurs qui composent la lumière du soleil : la couleur bleue.

Verschnaufpause: Ein Kalenderblatt zeigt den 1. April an. Wie viele Blätter müssen Sie abreißen, bis Sie zu einem Datum mit der Angabe 31. gelangen?

____

106. Prägen Sie sich den Text ein.

▶ L6 + Memo-Tipp 3E + 4

Un perroquet parle comme un enfant

Il s'appelle Cocorito, il a sept ans et vit aux États-Unis, c'est un perroquet gris. C'est le premier animal au monde qui parle comme un jeune enfant. Il connait parfaitement 950 mots et les prononce conformément aux règles de phonétique les plus importantes de l'anglais.

105. Beantworten Sie die folgenden Fragen.

1. Le texte (titre y compris) comporte-t-il des points d'interrogation ?

____

2. Le texte se compose de combien de mots ?

____

3. Il y a combien d'articles ? _______________

4. Il y a combien de chiffres dans le texte ?

____

5. Il y a combien de «la» ? Ont-ils la même signification ?

____

106. Lesen Sie den Text erneut, unterstreichen Sie die Wörter, die verändert wurden und ersetzen Sie sie mit den ursprünglichen Wörtern.

Son nom est Cocorito, il a sept ans et vit en Amérique, c'est un perroquet gris. C'est le premier perroquet au monde qui parle comme un jeune enfant. Il connait à la perfection 950 mots de vocabulaire et les prononce conformément aux règles de phonétique les plus importantes de l'anglais.

107. Lernen Sie die Sätze samt Nummerierung auswendig.

▶ L6 + Memo-Tipp 4

1. Dès sa naissance, il réussit à entrer dans le livre Guiness des records.

2. Paul Riboux, né dans un hôpital d'Angers, détient un record du monde.

3. L'enfant a le plus grand nombre d'aïeuls encore en vie : 13 grands-parents, arrière-grands-parents et arrière-arrière-grands-parents.

108. Lesen Sie den Artikel. Prägen Sie sich die Ihrer Ansicht nach fehlenden Wörter ein.

▶ L6 + Memo-Tipp 4

Amende pour un véhicule d'intervention

La police nationale roulait à 11 km/h sur une ____________, où la __________________________ est de 110 km/h. Les gendarmes ont mis une ______________ aux policiers qui n'avaient pas respecté la __________. La ______________________ effectuait une intervention d'urgence mais le radar n'a pas tenu compte de ce fait. Une contravention pour un dépassement de la limite de vitesse d'1 km/h de plus que ce qui avait été prévu par la _____ a été envoyée.

107. In welchen der drei Sätze finden sich …

1. le vocabulaire de la famille ? *Dans la troisième phrase.*
2. le nom de l'enfant ? ______
3. un chiffre ? ______
4. le nom d'une ville ? ______
5. un autre nom propre ? ______
6. un superlatif ? ______

Verschnaufpause: Lösen Sie die „Gleichung".

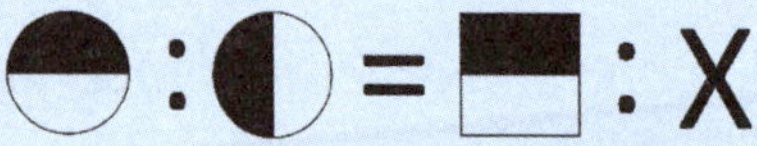

108. Bringen Sie die folgenden fehlenden Wörter aus dem Text auf der vorangegangenen Seite in die richtige Reihenfolge. Fügen Sie sie dann auch in den Text ein.

______	contravention	______	loi
1	route	______	police nationale
______	vitesse	______	limite de vitesse

109. **Die folgenden Schlagzeilen sind nicht eindeutig einem Thema zuzuordnen. Stellen Sie auf Französisch Vermutungen über mögliche Inhalte an. Prägen Sie sich dann die Sätze mit der dazugehörigen Nummerierung ein.**

▶ L5 + Memo-Tipp 4

1. Gros à cause de son métier

2. Lyon est la meilleure

3. **Par chance, aucune victoire**

4. **L'odyssée d'un sac de voyage vert**

110. **Lesen Sie überblicksartig den folgenden Artikel.**

▶ L2

Venise : une circulation à sens unique pour les piétons

Ceux qui ne s'y tiendront pas, risquent une amende de 25 à 500 €. Pendant les festivités du carnaval qui se déroule du 7 au 24 février, il n'est plus possible pour les piétons de circuler dans les deux sens dans les rues. Ainsi en a décidé le conseil municipal de la ville.

109. Welchen Schlagzeilen entsprechen die folgenden Untertitel?

_____ « Je pesais 60 kg et j'ai atteint les 130 kg. ». La vie difficile d'un critique gastronomique.

_____ Vacances gâchées. A l'aéroport, une femme ne retrouve plus ses bagages contenant les affaires dont elle avait besoin pour les vacances.

_____ **Les problèmes de placement d'argent (entre autre) d'un gagnant au loto.**

_____ La meilleure université de France.

110. Beantworten Sie die Fragen.

1. Où a eu lieu l'incident ?

____

2. A quelle occasion la décision a-t-elle été prise ?

____

3. Quel risque encourt les piétons qui ne la respecteront pas ?

____

4. Combien de jours dure le carnaval ?

____

111. Prägen Sie sich die folgenden Wörter mitsamt ihrer Nummerierung ein.

▶ Memo-Tipp 5

1. livre
2. mémoire
3. compléter
4. mesure
5. au revoir
6. si
7. phrase
8. vous et moi
9. très
10. être

111. **Vervollständigen Sie den Text, indem Sie die den Ziffern entsprechenden Wörter eintragen.**

(6) ____________________ vous étiez en

(4) ____________________ de (3) ____________________

la (7) ____________________ , alors votre

(2) __________________ fonctionne (9) ___________________

bien et le (1) ____________________ vous a vraiment aidé.

Nous pouvons (10) __________________ contents

(8) __________________ .

(5) ____________________ !

2. deux, quatre, sept, neuf, dix, douze, treize, quatorze, quinze, dix-huit, dix-neuf, vingt

3. ... autrichiennes. Felipe est espagnol. Clara est italienne. Caroline est française. John est anglais. Hans et Klaus sont allemands.

5. <u>aliments :</u> steak, thon, frites, fromage, quiche lorraine
<u>professions :</u> architecte, vendeur, ingénieur, professeur, médecin

6. 1. Il est quatre heures moins le quart (du matin/de l'après-midi).
2. Il est midi/minuit. 3. Il est six heures et quart (du matin/de l'après-midi). 4. Il est trois heures et demie (du matin/de l'après-midi).
5. Il est six heures moins vingt (du matin/de l'après-midi). 6. Il est une heure (du matin/de l'après-midi).
Abgebildet sind: Il est midi. Il est minuit. Il est quatre heures moins le quart. Il est trois heures et demies.

7. Marine, France, la Rochelle ; architecture, bureau, père

Verschnaufpause: Es sind mehr als 10 Dreiecke.

8. nom, sexe, date d'émission, couleur des yeux, date de naissance, lieu de naissance, taille, prénom / Lösung: **nationalité**

9. 2 562, 15 827, 128 426, 327 814, 1 905 326, 2 000 000 008

10. 1. sucre, fromage, beurre ; 2. viande, tomate, moutarde, biscotte ; 3. champignons, cornichons

11. <u>Bonnes odeurs :</u> assiette de nouilles, tasse de café, gâteau d'anniversaire, fleur ; <u>Mauvaises odeurs :</u> poubelle, poisson puant, putois, transpiration des pieds

13. une serviette, un couteau, une bouteille

14. 1. (+ 3) = 15 / 18; 2. (- 2) = 13 / 11; 3. (x 2) = 32 / 64;
4. (x 2 + 1) = 95 / 191

15. la tomate, l'ail

16. 1. vrai, 2. vrai, 3. faux, 4. Vrai

17. personne active : aller au sport / dans les montagnes / danser, faire du ski / du vélo, jouer au tennis / au foot ; faire une promenade / quelques pas ; personne sédentaire : regarder la télévision, jouer aux cartes, surfer sur Internet, rester à la maison, écouter de la musique

Verschnaufpause: Um 20 Vokabeln zu lernen, braucht man genauso viel Zeit wie für das Doppelte der Hälfte von 20 Vokabeln, da es sich beide Male um 20 Vokabeln handelt.

18. volant, assiette, loup, passer, avoir, vouloir, tousser

19. organisation-opération ; mou-hibou ; maisonnette-chansonnette ; modalité-paternité ; flagrant-transparent ; cheval-journal ; asticot-abricot

Verschnaufpause: 19 (die Zahlen folgen dem Schema + 3 – 1)

20. 1. Perrier, vin, cidre ; 2. poulet, veau, agneau ; 3. 15 (8 de Perrier, 3 de vin, 4 de cidre) ; 4. serviettes en papier, verres en plastique

21. Aussprache (vereinfachte Lautschrift): a, be, ße, de, ö, äf, sche, aßch, i, schi, ka, äl, äm, än, o, pe, kü, är, äß, te, ü, we, dubl we, iks, i gräck, säd

Verschnaufpause: Es fehlt der Buchstabe U. Die Buchstaben sind die Anfangsbuchstaben der französischen Zahlen von 10 bis 1 (dix – neuf – huit – sept – six – cinq – quatre – trois – deux – un).

25. 1. Qui dort ? ; 2. Où vas-tu ? ; 3. Quand arrives-tu ? ; 4. Pourquoi ne viens-tu pas ? ; 5. Qu'est-ce que tu fais dans la vie ?

Verschnaufpause: F (6. Buchstabe des franz. Alphabets) + N (14. Buchstabe des franz. Alphabets) = 20

26. 1. on sème des fleurs et on voit des hirondelles. 2. on mange une glace et on prend un bain de soleil. 3. on récolte du raisin et on mange des châtaignes. 4. on porte un manteau et on fait du ski.

27. 1. kiwi ; 2. fraise ; 3. framboise ; 4. ananas ; 5. cassis ; 6. abricot ; 7. prune

Verschnaufpause: Man benötigt fünf Farben (gelb, rot, grün, blau, schwarz). Schwarz für das Gehäuse der Ampel. Das Autobahnschild in Frankreich ist blau. Auch wenn die Farbe Weiß vorkommt, werden Sie sie sicherlich nicht für eine Zeichnung verwenden.

28. Farbadjektive werden an die Substantive, auf die sie sich beziehen, in Bezug auf Numerus und Genus angeglichen. Farbadjektive, die sich aus einem Obstnamen (z. B. *orange*) ableiten, sind unveränderlich.

29. 1. Cacao. 2. Des Africains et des Indiens. 3. La liberté. 4. Un capitaine. 5. Revenir et rester dans sa maison.

30. 1. cigarette – garage ; 2. croissance – croissant ;
3. plage – boulangerie ; 4. valise – vacances ; 5. salade – lapin

32.

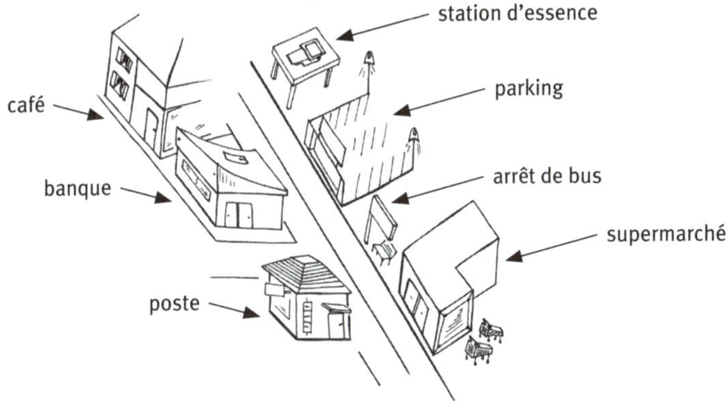

33. mince, pâle, bouche, trapu, oreille, vieux ;
„Quelle barbe !“ bedeutet „Wie langweilig!“

34. Tous les deux portent des lunettes et tous les deux ont les yeux et les sourcils foncés. Le père est chauve, porte la barbe et la moustache et il est plus petit que son fils. Le fils a beaucoup de cheveux, il ne porte ni la barbe ni la moustache et il est plus grand que son père.

35. épaule 6, bras 3, doigt 2, jambe 7, pied 4, oreille 5, tête 1

36. nez, visage, cheveux, jambes, yeux, lèvres ; (yeux) bleus, (jambes) minces, (visage) ovale, (lèvres) charnues, (cheveux) poivre et sel, (nez) en patate

37. 1. bras ; 2. jambes ; 3. langue ; 4. pieds ; 5. cœur
1. Avoir les jambes en coton. 2. Avoir bon cœur. 3. Avoir les pieds sur terre. 4. Avoir la langue bien pendue. 5. Avoir le bras long.

39. 1. **tu**er [**tɥ**e] (TU), 2. **a**ccrocher [**a**kʀɔʃe]/**a**ppeler [**a**ple] (AS), 3. **mal**mener [**mal**məne] (MAL), 4. **a**ppeler [**a**ple]/**a**ccrocher [**a**kʀɔʃe] (À), 5. **la**ver [**la**ve] (LA), 6. **té**léphoner [**te**lefɔne] (TÊ), 7. **te**nir [**t(ə)**niʀ] (TE), 8. **va**rier [**va**ʀje] (VA), 9. **ché**rir [**ʃe**ʀiʀ] (CHEZ), 10. **le**ver [**lə**ve] (LE), 11. **mé**langer [**me**lɑ̃ʒe] (MÉ), 12. **d(e)**venir [**d(ə)**v(ə)niʀ] (DE), 13. **sym**boliser [**sɛ̃**bɔlize] (SIN)

40. J'ai dîné. Je suis rentré(e) à la maison. Je suis sorti(e) de la maison. J'ai appris un peu de français. J'ai pris mon petit déjeuner. Je me suis douché(e). J'ai bu du café. Je me suis levé(e).

41. On forme le passé composé avec le présent de *avoir / être* + le participe passé du verbe. Les verbes transitifs (accompagné d'un complément d'objet : phrases 3 + 6) et les verbes de mouvement qui indiquent une façon de se déplacer (phrase 7) se conjuguent avec *avoir*. Le passé composé des verbes réfléchis (phrase 2) et des verbes exprimant un déplacement ou une transformation (phrases 1 + 4 + 5) se forme toujours avec *être*. Le participe passé des verbes dont le passé composé est formé avec *être* s'accorde avec le sujet du verbe (phrases 1 + 2 + 4 + 5).

Verschnaufpause: Oui : seuls les mois de mars, juin et août ont 4 lettres.

42. jamais [ʒamɛ] → méchant [meʃɑ̃] → chanter [ʃɑ̃te] → téléphoner [telefɔne] → nénuphar [nenyfaʀ] → pharmacie [faʀmasi] → citron [sitʀɔ̃] → tromper [tʀɔ̃pe] → pêcher [peʃe] → chéri [ʃeʀi] → rivalité [ʀivalite]

43. ... 20 janvier, celui de Jeanne le 21 février, celui de Caroline le 28 juillet, celui de Paul le 12 août, celui de Claire le 30 septembre, celui de Lucie le 24 octobre, celui de Solène le 14 novembre, celui de Gabriel le 22 décembre.

Verschnaufpause: 9876

44. vue : regarder, voir / transparent, clair, vert ; ouïe : entendre, écouter / assourdissant ; goût : sentir, goûter / amer, doux, insipide, sucré ; toucher : effleurer, caresser, tâter, toucher, sentir / rugueux, chaud, doux, lisse ; odorat : renifler, sentir / puant
Das Verb *sentir* (spüren, riechen, schmecken) kommt mehrmals vor.

45. 1. quatre : chaussure, cravatte, jupe, gants ; 2. ceinture ; 3. châtaigne; 4. pull / terrasse ; 5. Oui

46. bouteille = 3. ; porte = 1. ; tiroir = 4. ; livre = 5. ; verre = 2.

47. 1. faux ; 2. vrai ; 3. faux ; 4. faux ; 5. vrai ; 6. vrai ; 7. faux ; 8. faux

48. Es gibt keine Veränderungen. / Zu Hause.

49. 1. Sylvie, 2. Lise, 3. Maurice, 4. Adrien, 5. Gabriel

50. douche, salle de bains, bureau, toilettes, fenêtre, matelas, serviette, porte, balcon, salon, étage, fassade, sol, bidet
Oberbegriff: vocabulaire de la maison

51.

1.	2.				
		3.		7.	
		4.		6.	8.
			5.		9.
				10.	
					11.

Verschnaufpause: X = dormir

52. 1. deux armoires ; 2. cinq appareils ménagers (frigidaire, four, lave-vaisselle, lave-linge, aspirateur) ; 3. une baignoire ; 4. oui ; 5. non, deux

53. Der Name der Person und das Transportmittel beginnen jeweils mit demselben Buchstaben. Lösung: Antoine : auto-stopp, avion ; Mathilde : moto ; Thomas : train, tram

Verschnaufpause: (10 x 2) + (5 x 3) + (3 x 4) = 47

54. chauffage (Quel froid !) ; parapluie (Quelle pluie !) ; matelas (Quelle fatigue !) ; bâillement (Quelle barbe !) ; verre (Quelle soif !) ; horloge (Quel retard !) ; soleil (Quelle chaleur !) ; écharpe (Quel vent !) ; sandwich (Quelle faim !) ; cheveu dans la soupe (Quel dégoût !)

55. bas – gros – fort / impoli – paisible – loin / large – attentif – beau / long – intelligent – grand

Verschnaufpause:

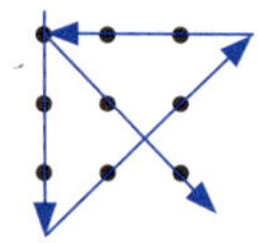

56. Mögliche Lösung: Stefan est extroverti. Line et Wili sont exigeants. Marie est affectueuse. Rita est bavarde. Michel est jaloux. Solange est généreuse. Pierre est impulsif. Clara est dynamique. Victor est vaniteux. Maurice est passionné. François est sociable. Caroline est têtue.

Verschnaufpause: 1001

58. Mögliche Lösung: Rouen [ʀw**ɑ̃**] / éléphant [elef**ɑ̃**] ; Lyon [lj**ɔ̃**] / saucisson [sosis**ɔ̃**] ; Paris [paʀ**i**] / étourdi [etuʀd**i**] ; Bordeaux [bɔʀd**o**] / beau [b**o**] ; cour [k**uʀ**] / Tour [t**uʀ**] ; danger [dɑ̃**ʒe**] / Angers [ɑ̃**ʒe**] ; danse [d**ɑ̃s**] / Valence [val**ɑ̃s**] ; échelle [eʃ**ɛl**] / Sarcelles [saʀs**ɛl**] ; cauchemar [koʃ**maʀ**] / Montélimar [mɔ̃teli**maʀ**] ; glaçon [glas**ɔ̃**] / Dijon [diʒ**ɔ̃**] ; pois [p**wɑ**] / Blois [bl**wɑ**] ; journal [ʒuʀ**nal**] / Épinal [épi**nal**] ; matin [mat**ɛ̃**] / Tourcoing [tuʀkw**ɛ̃**] ; clavier [klav**je**] / Poitiers [pwat**je**]

59. mère, fille, frère, mari, oncle, cousin, père, neveu, femme, tante

Verschnaufpause: ? = 1500 (Die Zahlenreihen folgen nacheinander dem Prinzip x 1, x 2, x 3, x 4, x 5).

60. 1. facteur, 2. minette, 3 libraire, 4. leçon ; Lösung: **famille**

61. ♂: marié, mari, veuf, séparé, compagnon; ♀: femme, compagne, pacsée, veuve ; ♂ + ♀: célibataire

Verschnaufpause: Es sind 16 geometrische Figuren (ABHG, GHDE, ABDE, AFG, FGE, BCH, HCD, BCD, AFE, ABCF, FEDC, ABHF, ABCG, FHDE, GCDE, ABCDEF).

62. avion : check-in, atterrissage, carte d'embarquement, contrôle des bagages, décollage ; train : voie, chef de gare, place en couchette ; voiture : cric, phare, frein, embrayage, essuie-glace

63. Il neige. – Il pleut. – Le temps est orageux. – Le soleil brille. – Le vent souffle. – Il y a des nuages. – Il fait chaud/froid. – Il y a du brouillard.

Verschnaufpause:

⑥
②①
④③⑤

64. beau temps : mardi, jeudi, vendredi ; mauvais temps : aujourd'hui, demain, mercredi, samedi. Aujourd'hui on est dimanche.

65. Ne sortez pas : 5., N'entrez pas : 2, Ne stationnez pas ici : 1, Ne fumez pas : 4, Ne passez pas par ici : 3; Den verneinten Imperativ bildet man im Französischen mit *ne pas* + Imperativ des Verbs. Die Verneinung (*ne ... pas*) steht um das Verb im Imperativ herum.

66. 2. ne traverse / traversez pas ; 3. ne t'appuie / vous appuyez pas ; 4. ne joue / jouez pas ; 5. n'emmène / emmenez pas ; 6. ne fume / fumez pas ; Im Gegensatz zum Indikativ Präsens endet der Imperativ in der Du Form auf *-e*.

67. X = travail ; Y = capital ; Z = métier ; A = service ; B = entreprise

Verschnaufpause: 1 + 1 + 1 + 1 + 11 = 15

68. waagrecht: traductrice, ouvrier, charcutier, virer, grève, travail, embauche, bureau, chef, salarié, professeur, rendez-vous, responsabilité, fonctionnaire ; senkrecht: entretien, réunion, CV, DRH, boulanger, infirmier ; Toute peine mérite salaire.

69. Lösung: (Réne) **Coty**

70. déchets biodégradables : serviettes en papier, épluchures de fruits, coquilles d'œuf, marc de café, sachet de thé ; déchets non recyclables : couverts en plastique sales ; papier et carton : journaux, livre, cahier ; verre : bouteille, verre ; plastique : bouteille de lessive

71. 2, 5, 4, 3, 7, 9, 1, 8, 6

72. imparfait : était, tenait, était, avait, pleurait, mangeait ; passé composé : je suis allé, j'ai rencontré, est arrivé, a volé

73. 1. Marc, 2. Florence, 3. Alexandre, 4. Luc, 5. Élise, 6. Paul, 7. Lucie, 8. Claire

Verschnaufpause: 

75. chien, tique, chat, vache, zèbre, taureau, coq, mouche, ours, lapin, mouton, marmotte, moustique, corbeau, lièvre, escargot, pigeon, cochon, otarie, poule

76. 1. + 3. un chat blanc (Benji), un chien noir (Fidèle), un poisson rouge (Bubulle) ; 2. Dans une maison. 4. Claire est la maîtresse de Benji. Elle a sept ans. 5. le chat et le poisson

77. boîte à outils, porte du bureau, sourd-muet, salle à manger, poisson-chat, portemanteau, pâté de poisson, porte de secours, salade de fruits, boîte à chaussures, portefeuille, boîte à lettres

Verschnaufpause: 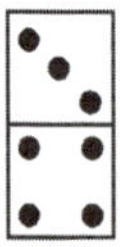

79. clé + trou de serrure ; écran + ordinateur ; boulon + vis ; cigarette + allumette ; lampe + ampoule ; téléphone + combiné ; lunettes + nez ; peigne + cheveux ; couvercle + casserole ; gant + main ; fil + aiguille

80. 1. fer à repasser, 2. congélateur, 3. couteau électrique, 4. aiguille, 5. chiffon, 6. presse-citron, 7. marteau, 8. lecteur CD, 9. cuisinère, 10. balai

81. Tu veux trouver le trésor ? A partir du rocher en forme de tête de mort, fais huit pas vers le nord. Ensuite fais trente pas vers l'est et creuse un trou. Tu trouveras une boîte remplie de pièces d'or.

Verschnaufpause:

6	1	8
7	5	3
2	9	4

82. Joyeux Noël !

83. Panzer: Se batteront-ils encore avec des lances ? Schuhe: Mettront-ils encore des peaux d'animaux ? Heizung: Se réchaufferont-ils encore avec du feu ? Supermarkt: Chasseront-ils pour se nourir ? Bett: Dormiront-ils dans une grotte ?

84. 2. erstes Wort (viendras), 3. fünftes Wort (dira), 4. sechstes Wort (inviterons), 5. siebtes Wort (réussirez), 6. siebtes Wort (viendra)

85. Mögliche Lösungen:
G: glace, grenouille, gendarme, gagner
L: lasagne, loup, libraire, laver
M: marron , mouton, mère, manger
P: pomme de terre, poisson, père, prendre
S: saucisson, serpent, scientifique, savoir

Verschnaufpause:

86. 1. rien, 2. ton, 3. raison, 4. heureux, 5. balcon, 6. désire
1-c ; 2-e ; 3-b ; 4-f ; 5-a ; 6-d

87. 1. un toast ; 2. la ceinture de sécurité ; 3. l'économie ; 4. l'avenir ; 5. une promenade

88. four – cour – pour – poux – poix – paix

89. 1. blanc ; 2. jaune ; 3. bleu ; 4. vert ; 5. noir ; 6. bleu ; 7. blanc

90. 2. Dose = boîte → dose = Dosis; 3. Futter = doublure → double = Kopie; 4. Rezept = ordonnance → recette = Hausmittel; 5. Baiser (*Schaumgebäck*) = meringue → baiser = Kuss; 6. Rat = conseil → rat = Ratte

91. niche / chien ; charme / marche ; canoë / océan ; mien / mine ; manioc / camion ; sauce / cause ; ami / mai ; cures / sucre ; palme / lampe ; lèpre / perle

Verschnaufpause: Nach 12 Tagen (wenn man am 12. Tag das Seil um 2 Meter kürzt, bleiben nur noch 2 Meter übrig).

92. Mögliche Lösung: adopter un enfant, épouser une personne, porter un enfant, mettre une veste, faire une salade, promouvoir une personne, prendre un bain, poser une question ;
promouvoir une campagne, poser des rideaux, épouser une idée, prendre une photo, porter la poisse, mettre une personne en danger, faire peur, adopter une méthode

94. 1. pour, 2. bon, 3. aide, 4. naine, 5. fa

97. lampe, promenade, automne, transparent, jambe, grand-mère, novembre, lettre, oreille, nombre, piscine, télévision, jaune, découvrir, travail, exercer une profession

98. Une fillette vend sa grand-mère sur eBay
Une fillette de dix ans a proposé sa grand-mère à la vente aux enchères sur eBay parce qu'elle ne la supportait plus. Sur le site Internet, la grand-mère est décrite comme une personne qui se plaint constamment mais qui est aussi très affectueuse. La fillette n'a pas proposé de prix de base, mais avant que cette offre ne soit effacée du site, 27 propositions étaient déjà arrivées.

99. Prise d'un piranha de 300 g
Grosse surprise pour un pêcheur qui est revenu avec un butin inhabituel à la maison : un piranha de 300 g. Il pourrait s'agir d'un piranha que quelqu'un aurait jeté dans la rivière après avoir vidé son propre aquarium.

100. demande de rançon, arrêter, malfaiteur, kidnapper, rançon, porter plainte, kidnapping, enlever, police, ravisseurs ;
ont kidnappé, (ont) exigé, a porté, ont été arrêtées, avait eu, annonçait, avait été enlevé, exigeait, a accepté, avait prévenu, a porté

101. 1. f; 2. b; 3. d; 4. e; 5. a; 6. c

102. 1. Un retraité de 70 ans. 2. Il a trouvé un portefeuille, a recherché son propriétaire et le lui a rendu malgré le billet de loto d'une valeur de 15 000 € qui se trouvait dedans.

105. 1. oui (titre) ; 2. 43 mots ; 3. 9 articles : le (ciel), l'(atmosphère), une (couche), la (terre), du (soleil), des (sept couleurs), la (lumière), du (soleil), la (couleur) ; 4. deux chiffres (une + sept) ; 5. quatre «la» aux significations diverses (article: la terre, la lumière, la couleur / pronom: la protège)

Verschnaufpause: 60 (vom 1. bis 30. April 30 Blätter und vom 1. bis 30. Mai ebenfalls 30 Blätter; der 31. braucht nicht abgerissen zu werden)

106. Il s'appelle Cocorito. / Son nom est Cocorito ; vit aux États-Unis / vit en Amérique ; animal / perroquet ; parfaitement / à la perfection ; mots / mots de vocabulaire

107. 1. dans la troisième phrase (aïeuls, grands-parents, arrière-grands-parents, arrière-arrière-grands-parents), 2. dans la deuxième phrase (Paul Riboux), 3. dans la troisième phrase (13), 4. dans la deuxième phrase (Angers), 5. dans la première phrase (Guinness), 6. dans la troisième phrase (le plus grand)

Verschnaufpause: X = 

108. 1. route, 2. limite de vitesse, 3. contravention, 4. vitesse, 5. police nationale, 6. loi

109. 1, 4, 3, 2

110. 1. A Venise. 2. A l'occasion du carnaval. 3. Une amende de 25 à 500 €. 4. Du 7 au 24 février.

Folgende Abkürzungen werden verwendet:

m. maskulin *f.* feminin *pl.* Plural

Unregelmäßige weibliche Formen (Adjektive) und unregelmäßige Partizipien sind in Klammern hinter der männlichen Form bzw. hinter dem Infinitiv angegeben.

à côté (de)	neben
à la maison	zu Hause
à partir de	ab, von ... an
abîmer	abnutzen
abricot (*m.*)	Aprikose
accepter	akzeptieren
accès (*m.*)	Zufahrt
accident (*m.*) (de la route)	(Verkehrs-)Unfall
accompagné	begleitet
accrocher	aufhängen
acheter	kaufen
acteur (*m.*)	Schauspieler
actif (active)	aktiv, sportlich
action (*f.*)	Handlung
adopter	adoptieren; einführen
adorer	lieben
aéroport (*m.*)	Flughafen
affaires (*f. pl.*)	Sachen
affect (*m.*)	Affekt
affection (*f.*)	Zuneigung
affectivité (*f.*)	Gefühle
affectueux (affectueuse)	liebevoll
Africain	Afrikaner
âge (*m.*)	Alter
agir (s'agir de)	handeln (sich handeln um)
agneau (*m.*)	Lamm
agressif	aggressiv
aide (*f.*)	Hilfe
aider	helfen
aïeul (*m.*)	Vorfahr
aigle (*m.*)	Adler
aiguille (*f.*)	Nadel
ail (*m.*)	Knoblauch
aile (*f.*)	Flügel
aimer	mögen
aimer bien	lieb haben
ainsi	so
air (*m.*)	Luft
aliments (*m. pl.*)	Lebensmittel
Allemand(e); allemand(e)	Deutscher, Deutsche; deutsch
aller	gehen; fahren
aller au lit	ins Bett gehen
aller bien/pas bien	gut/schlecht gehen
allumette (*f.*)	Streichholz
alors	also, so
amasser	anhäufen
amende (*f.*)	Geldstrafe
amer	bitter
Amérique (*f.*)	Amerika
ami(e)	Freund(in)
amoureux (amoureuse) (de)	Liebhaber(in) (von)
ampoule (*f.*)	Glühbirne
an (*m.*)	Jahr
ananas (*m.*)	Ananas
Anglais(e); anglais(e)	Engländer(in); englisch
animal (*m.*)	Tier
année (*f.*)	Jahr
anniversaire (*m.*)	Geburtstag
annoncer	mitteilen
anonyme	anonym
anthropologue (*m.* + *f.*)	Anthropologe (Anthropologin)
août (*m.*)	August
appareil (*m.*) auditif	Hörgerät
appareil (*m.*) ménager	Haushaltsgerät
appartement (*m.*)	Wohnung
appeler (s'appeler)	(an)rufen (heißen)
apporter	bringen
apprendre (appris)	lernen (gelernt)
approcher (s'approcher)	näher kommen (sich nähern)
après	nach (29, 41); nachdem (93, 99); später (103)

après-midi (*m.* oder *f.*)	Nachmittag
aquarium (*m.*)	Aquarium
aquilin	Adler-
arbre (*m.*)	Baum
archiduchesse	Erzherzogin
architecte (*m.* + *f.*)	Architekt(in)
architecture (*f.*)	Architektur
argent (*m.*)	Geld
armé (de)	bewaffnet (mit)
armée (*f.*)	Heer
armoire (*f.*)	Schrank
arqué	krumm
arrêt (*m.*) de bus	Bushaltestelle
arrêter	verhaften
arrière	Ur-
arrière (en arrière)	hinter (zurück, nach hinten)
arriver	ankommen; eingehen (98)
artichaut (*m.*)	Artischocke
article (*m.*)	Artikel
ascenseur (*m.*)	Aufzug
Ascension (*f.*)	Mariä Himmelfahrt (15. August)
Asie (*f.*)	Asien
aspirateur (*m.*)	Staubsauger
assiette (*f.*)	Teller
assourdissant	ohrenbetäubend
asticot (*m.*)	Made
atmosphère (*f.*) terrestre	Erdatmosphäre
attacher	festmachen
atteindre	erreichen
attente (*f.*)	Erwartung
attentif (attentive)	aufmerksam
atterrissage (*m.*)	Landung
au coin de feu	am Kamin
au contraire	dagegen
au moment où	als
au revoir	auf Wiedersehen
aubaine (*f.*)	Glücksfall
aucun(e)	keiner, -e, -es
augmentation (*f.*)	Anstieg
aujourd'hui	heute
aussi	auch
automne (*m.*)	Herbst
auto-stopp (*m.*)	Trampen
autre	anderer, -e, -es
Autrichien(ne); autrichien(ne)	Österreicher(in); österreichisch
avant (de/que)	bevor

avant (en avant)	vor (nach vorn)
avant tout	vor allem
avec	mit
avenir (*m.*)	Zukunft
averse (*f.*)	Schauer
avion (*m.*)	Flugzeug
avoir	haben
avoir besoin de	brauchen
avoir des insomnies	an Schlaflosigkeit leiden
avoir froid	frieren
avoir mal à la tête	Kopfschmerzen haben
avoir… ans	… Jahre alt sein
avril (*m.*)	April
bagages (*m. pl.*)	Gepäck
baguette (*f.*)	Baguette
baie (*f.*)	Beere
baignoire (*f.*)	Badewanne
bâillement (*m.*)	Gähnen
bâiller	gähnen
bain (*m.*) (de soleil)	(Sonnen-)Bad
baiser (*m.*)	Kuss
balai (*m.*)	Besen
balayer	fegen
balcon (*m.*)	Balkon
ballon (*m.*)	Ball
bande (*f.*) d'arrêt d'urgence	Standspur
banque (*f.*)	Bank
barbe (*f.*)	Bart
bas(se)	niedrig, tief
bateau (*m.*)	Schiff
bâton (*m.*)	Stock
batte (*f.*)	Baseballschläger
battre (se battre)	schlagen (kämpfen)
bavard	redselig
beau (belle)	schön
beaucoup (de)	sehr (viel), viel
beau-père (*m.*)	Schwiegervater
belle-fille (*f.*)	Schwiegertochter
berger (*m.*)	Hirte
bête (*f.*)	dumm (55); Tier(93)
beurre (*m.*)	Butter
bidet (*m.*)	Bidet
bien	gut
bikini (*m.*)	Bikini
billet (*m.*) de loto	Lottoschein
biscotte (*f.*)	Zwieback
blanc (blanche)	weiß
bleu	blau

bocal (*m.*)	Glas
boire (bu)	trinken
bois (*m.*)	(kleiner) Wald
boisson (*f.*)	Getränk
boîte (*f.*)	Kiste, Schachtel; Dose (90)
boîte (*f.*) à lettres	Briefkasten
bon (bonne)	gut; richtig (45)
bord (*m.*) (au bord de la mer)	Ufer (am/ans Meer)
botte (*f.*)	Stiefel
bouche (*f.*)	Mund
bouclé	lockig
boulanger (*m.*)	Bäcker
boulangerie (*f.*)	Bäckerei
boule (*f.*)	Kugel
boulon (*m.*)	Schraubenbolzen
bourse (*f.*)	Börse
bouteille (*f.*)	Flasche
bouteille (*f.*) de lessive	Waschmittelflasche
bouteille (*f.*) d'oxygène	Sauerstoffflasche
bras (*m.*)	Arm
briller	scheinen
brouillard (*m.*)	Nebel
bruit (*m.*)	Lärm
brûlé (*m.*)	Verbranntes
brume (*f.*)	Dunst
bureau (*m.*)	Büro
but (*m.*)	Tor
butin (*m.*)	Beute
cabine (*f.*)	Kabine
Cacao	*hier ein Eigenname*
cacher	verstecken
cadeau (*m.*)	Geschenk
café (*m.*)	Café; Kaffee
cahier (*m.*)	(Schul-)Heft
caillou (*m.*)	Kiesel(stein)
caleçon (*m.*)	Unterhose
calendrier (*m.*)	Kalender
camion (*m.*)	LKW
camomille (*f.*)	Kamille
campagne (*f.*)	Kampagne, Initiative
canapé (*m.*)	Sofa
canoë (*m.*)	Kanu
capable	fähig, geschickt
capitaine (*m.*)	Kapitän
capital (*m.*)	Vermögen, Kapital
caresser	streicheln
carnaval (*m.*)	Karneval
carte (*f.*)	Karte
carte (*f.*) de téléphone prépayée	Prepaid-Telefonkarte
carte (*f.*) d'embarquement	Boardingpass
carton (*m.*)	Karton
casquette (*f.*)	Mütze
casserole (*f.*)	Topf
cassis (*m.*)	schwarze Johannisbeere
cauchemar (*m.*)	Alptraum
cause (*f.*) (à cause)	Ursache (wegen)
cave (*f.*)	Keller
ce, cet (cette, celle)	dieser, -e, -es
ce soir	heute Abend
ceinture (*f.*)	Gürtel
ceinture (*f.*) de sécurité	Sicherheitsgurt
cela	das
célèbre	berühmt
célibataire (*m.* + *f.*)	Single
celui (celle)	der-, die-, dasjenige
cendrier (*m.*)	Aschenbecher
centre (*m.*) ville	Stadtzentrum
cependant	(je)doch
certainement	sicher(lich)
chaîne (*f.*)	Halskette
chaise (*f.*)	Stuhl
chaleur (*f.*)	Hitze
chambre (*f.*)	(Schlaf-)Zimmer
champignon (*m.*)	Pilz
chance (*f.*) (par chance)	Glück (zum Glück)
chanson (*f.*)	Lied
chansonnette (*f.*)	Liedchen
chant (*m.*)	Gesang, Lied
chanter	singen
chapeau (*m.*)	Hut
chaque	jeder, -e, -es
charcutier (*m.*)	Metzger
charmant	bezaubernd
charme (*m.*)	Charme
charnu	dick, wulstig
chasser	jagen
chasseur (*m.*)	Jäger
chat (*m.*)	Katze
châtaigne (*f.*)	Kastanie
château (*m.*)	Schloss
château (*m.*) de cartes	Kartenhaus

chaud	warm
chauffage (*m.*)	Heizung
chaussette (*f.*)	Socke
chaussure (*f.*) (de ski)	(Ski-)Schuh
chauve	glatzköpfig
check-in (*m.*)	Check-In
chef (*m.*)	Chef
chef (*m.*) de gare	Bahnhofsvorsteher
chemise (*f.*)	Hemd
chemisier (*m.*)	Bluse
chercher	suchen
chéri	Liebling
chérir	lieben
cheval (*m.*)	Pferd
cheveux (*m. pl.*)	Haare
chèvre (*f.*)	Ziege
chez (aller chez)	zu (zu jemandem gehen)
chien (*m.*)	Hund
chiffon (*m.*)	Lappen
chiffre (*m.*)	Ziffer, Zahl
choix (*m.*)	Wahl
chose (*f.*)	Sache
chute (*f.*)	Sturz
cidre (*m.*)	Apfelwein
ciel (*m.*)	Himmel
cigarette (*f.*)	Zigarette
cinéma (*m.*)	Kino
circulation (*f.*)	Verkehr
circuler	herumgehen
citron (*m.*)	Zitrone
clair	hell
clavier (*m.*)	Tastatur
clé (*f.*)	Schlüssel
cloison (*f.*)	Wand
clou (*m.*)	Nagel
cochon (*m.*)	Schwein
cœur (*m.*)	Herz
coffre (*m.*)	Kofferraum
collant	klebrig
collision (*f.*) (frontale)	(Frontal-)Zusammenstoß
Combien de ?	Wie viele?
Combien fait ?	Was ergibt?
combinaison (*f.*) de plongée	Taucheranzug
combiné (*m.*)	Telefonhörer
commander	befehlen
comme	wie; als (98)
commencer	beginnen, anfangen
Comment ?	Wie?
commerce (*m.*) de voitures	Autohandel
compagnie (*f.*)	Gesellschaft
compagnon (compagne)	Lebensgefährte (Lebensgefährtin)
comparaison (*f.*)	Vergleich
complément (*m.*) d'objet	Objekt
compléter	ergänzen
comporter	beinhalten
composer	wählen (103); bilden (105); zusammensetzen (105)
compris	inbegriffen
compter	zählen
concasser	zerkleinern
concert (*m.*)	Konzert
conducteur (*m.*) de bus	Busfahrer
conformément à	entsprechend
congélateur (*m.*)	Tiefkühltruhe
congeler	einfrieren
conjuguer	konjugieren
connaître	kennen
connu	bekannt
conseil (*m.*)	Rat
conseil (*m.*) municipal	Stadtrat
conserve (*f.*)	Konserve
constamment	ständig
construire (construit)	bauen (erbaut)
contenir	enthalten
content	zufrieden, glücklich
contraire	Gegenteil
contravention (*f.*)	Geldstrafe
contre	gegen
contrôle (*m.*) des bagages	Gepäckkontrolle
coq (*m.*)	Hahn
coquet (coquette)	stolz
coquille (*f.*)	Schale *(Ei)*
corbeau (*m.*)	Rabe
cornet (*m.*)	Eistüte
cornichon (*m.*)	(Essig-)Gurke
côte (*f.*)	Kotelett
coton (*m.*)	Baumwolle
cou (*m.*)	Hals
couché (être couché)	liegend (liegen)

couche (*f.*) de gaz	Gasschicht
couchette (*f.*)	Liegewagen
coude (*m.*)	Ellbogen
coudre	nähen
couleur (*f.*)	Farbe
coup (*m.*)	Schlag
coup (*m.*) de téléphone	Anruf
couper	schneiden
cour (*f.*)	Hof
courgette (*f.*)	Zucchini
courir	herumrennen
cours (*m.*) (au cours de)	Verlauf (im Laufe des)
court	kurz
cousin (*m.*)	Cousin
couteau (*m.*)	Messer
couvercle (*m.*)	Deckel
couverts (*m. pl.*)	Besteck
cravate (*f.*)	Krawatte
crayon (*m.*) à papier	Bleistift
crème (*f.*) solaire	Sonnencreme
creuser	graben
cric (*m.*)	Wagenheber
crise (*f.*)	Krise
critique (*m.*) gastronomique	Gastronomie-kritiker
croissance (*f.*)	Wachstum
croissant (*m.*)	Hörnchen
cuillère (*f.*)	Löffel
cuillère (*f.*) à café	Kaffeelöffel
cuir (*m.*)	Leder
cuir (*m.*) chevelu	Kopfhaut
cuire	backen (88), kochen (51 VP)
cuisine (*f.*)	Küche
cuisinière (*f.*)	Küchenherd
culture (*f.*)	Kultur
cure (*f.*)	Kur
CV (*m.*) (curriculum vitae)	Lebenslauf
d'abord	zuerst
danger (*m.*)	Gefahr
dangereux (dangereuse)	gefährlich
dans	in
danse (*f.*)	Tanz
danser	tanzen
date (*f.*) de naissance	Geburtsdatum
date (*f.*) d'émission	Austellungsdatum
de … à	von … bis
débarras (*m.*)	Abstellkammer
débarrasser (se débarrasser)	ausräumen (los werden)
déboucher	entkorken
décembre (*m.*)	Dezember
déchets (*m. pl.*) biodégradables	Biomüll
déchets (*m. pl.*) non recyclables	Restmüll
décider	entscheiden
décision (*f.*)	Entscheidung
décollage (*m.*)	Start *(Flugzeug)*
découverte (*f.*)	Entdeckung
découvrir	entdecken
décrire	beschreiben
dedans	darin
défense	Verbot
dégagé	wolkenlos
dégoût (*m.*)	Ekel
dehors	draußen
déjà	schon
demain	morgen
demande (*f.*) de rançon	Lösegeldforderung
demander	fragen
demander de l'aide	um Hilfe bitten
demeure (*f.*)	Wohnsitz
demie (*f.*)	halb
dentier (*m.*)	Gebiss
dépassement (*m.*)	Überschreitung
déplacement (*m.*)	Fortbewegung
déplacer (se déplacer)	versetzen (sich fortbewegen)
dépoussiérer	abstauben
depuis	seit
dernier (dernière)	letzter, -e, -es
dérouler (se dérouler)	abspulen (stattfinden)
derrière	hinter
dès	seit
désirer	wünschen
désordonné	unordentlich
dessin (*m.*)	Zeichnung
détendre (se détendre)	entspannen (sich entspannen)
détenir	besitzen
détester	hassen
devant	vor
devenir	werden
devoir	müssen, sollen
dictionnaire (*m.*)	Wörterbuch
difficile	schwer

dimanche (*m.*)	Sonntag
dîner	zu Abend essen
dire	sagen
disparaître (disparu)	verschwinden (verschwunden)
distrait	zerstreut
divan (*m.*)	Sofa
divers	verschieden
docteur (*m.*)	Doktor, Arzt
doigt (*m.*)	Finger
dollar (*m.*)	Dollar
donc	also
donner	geben
dont	dessen, deren (41); in der (86); die (109)
dormir	schlafen
dose (*f.*)	Dosis
D'où ?	Woher?
double (*m.*)	Doppelte; Kopie (90)
doublure (*f.*)	Futter *(Kleidung)*
douche (*f.*)	Dusche
doucher (se doucher)	duschen (sich duschen)
doux (douce)	weich; süß
DRH (Direction (*f.*) des Ressources Humaines)	Personalabteilung
droite (à droite)	rechts (nach rechts)
drôle	lustig
durer	dauern
dynamique	dynamisch
eau (*f.*)	Wasser
ébrécher	anschlagen
échange (*m.*)	Gegenleistung; Austausch
échanger	vertauschen
écharpe (*f.*)	Schal
échelle (*f.*)	Leiter
école (*f.*)	Schule
économie (*f.*)	Wirtschaft
écouter	hören, erhören (103)
écran (*m.*)	Bildschirm
édredon (*m.*)	Daunenbett
effacer	löschen
effectuer	durchführen
effleurer	streifen
également	ebenfalls
égoutter (faire égoutter)	abtropfen (abtropfen lassen)
élections (*f. pl.*)	Wahlen
électrique	elektrisch
élégant	elegant
élément (*m.*) nutritif	Nährstoff
éléphant (*m.*)	Elefant
élève (*m.*)	Schüler
élevé(e)	hoch
embauche (*f.*)	Anstellung, Beschäftigung
embrayage (*m.*)	Kupplung
émission (*f.*)	Sendung
emmener	mitnehmen
employé (*m.*)	Angestellter
en	aus; in; mit (53); daran (71); darüber (110)
en ce moment	zur Zeit
en face de	gegenüber
en patate	Kartoffel-
en vie	lebend
enchère (*f.*)	Gebot
encore	noch
encourir	auf sich nehmen
endroit (*m.*)	Ort
énergie (*f.*)	Energie
enfant (*m.*)	Kind
enfoncer	hineinschlagen (80); aufbrechen (103)
enlever	entführen
ennemi (*m.*)	Feind
ensuite	danach
entendre	hören
entier (en entier)	ganz
entourer	umgeben
entrain (*m.*)	Schwung
entre	zwischen (22, 32); unter (109)
entrebâiller	einen Spalt öffnen
entrée (*f.*)	Eingang(sbereich)
entrée (*f.*) interdite	Zutritt verboten
entreprise (*f.*)	Unternehmen; Unternehmung
entrer	eintreten; einfahren
entretien (*m.*)	(Vorstellungs-) Gespräch
envier	beneiden
envoûtant	betörend, bezaubernd
envoyer	schicken
épais	dicht; voll

épaule (*f.*)	Schulter
épluchure (*f.*)	Schale *(Obst)*
épouser	heiraten; teilen
équipe (*f.*)	Team
escalier (*m.*)	Treppe
escalope (*f.*)	Schnitzel
escargot (*m.*)	Schnecke
Espagnol(e); espagnol(e)	Spanier(in); spanisch
esprit (*m.*)	Geist
essence (*f.*)	Benzin
essuie-glace (*m.*)	Scheibenwischer
est (*m.*)	Ost(en)
et	und
étage (*m.*)	Stock(werk)
États-Unis (*m. pl.*)	USA
été (*m.*)	Sommer
étendre	ausstrecken
Éthiopie (*f.*)	Äthiopien
étoile (*f.*)	Stern
étourdi	leichtsinnig
être	sein; von Beruf sein (25)
être en train (de faire quelque chose)	gerade dabei sein (etwas zu tun)
être en vente	zum Verkauf stehen
êtres (*m. pl.*) humains	Menschen
étroit	schmal, eng
étudiant(e)	Student(in)
Europe (*f.*)	Europa
examen (*m.*)	Prüfung; Klausur
exercer	ausüben
exigeant	anspruchsvoll
exiger	verlangen
exister	(fort)bestehen
exprimer	ausdrücken
extroverti	extrovertiert
fa	F *(Musik)*
façon (*f.*)	Art und Weise
facteur (*m.*)	Briefträger
faible	schwach
faim (*f.*)	Hunger
faire	machen, tun; zubereiten (80)
faire de la cuisine	kochen
faire de la plongée	tauchen
faire des pompes	Liegestütze machen
faire du skateboard	Skateboard fahren
faire du ski	Ski fahren
faire du vélo	Rad fahren
faire peur	Angst einjagen
faire une pause	eine Pause machen
fait (*m.*)	Tatsache
familiale	Familien-
famille (*f.*)	Familie
fassade (*f.*)	Fassade
fatigue (*f.*)	Müdigkeit
faux	falsch
féminin	feminin, weiblich
femme	(Ehe-)Frau
fenêtre (*f.*)	Fenster
fer (*m.*) à repasser	Bügeleisen
fermer	(die Tür) zumachen
festivités (*f. pl.*)	Feier
fête (*f.*)	Fest, Feier
feu (*m.*)	Feuer
feuille (*f.*)	Blatt
feuilleter	durchblättern
février (*m.*)	Februar
fiancé(e)	Verlobter (Verlobte)
fil (*m.*)	Faden
filer	*hier:* fahren
fille (*f.*)	Tochter
fillette (*f.*)	kleines Mädchen
film (*m.*)	Film
fils (*m.*)	Sohn
financer	finanzieren
finir	enden
flagrant	offensichtlich
fleur (*f.*)	Blume
fois (*f.*)	Mal
foncé	dunkel
fonctionnaire (*m. + f.*)	Beamter, Beamtin
fonctionner (très bien)	(sehr gut) funktionieren
fondamentalement	von Grund auf
foot(ball) (*m.*)	Fußball
forêt (*f.*)	Wald
forme (*f.*) (en forme de)	Form (in -form)
former	bilden
fort	stark
fouiller	durchsuchen
foule (*f.*)	Menschenmenge
four (*m.*)	Herd, Ofen
fourchette (*f.*)	Gabel
fraise (*f.*)	Erdbeere

framboise (*f.*)	Himbeere
Français(e); français(e)	Franzose, Französin; französisch
France (*f.*)	Frankreich
frein (*m.*)	Bremse
frère (*m.*)	Bruder
frérot (*m.*)	Bruderherz
frigidaire (*m.*)	Kühlschrank
frites (*f. pl.*)	Pommes frites
froid (*m.*)	kalt; Kälte (54)
fromage (*m.*)	Käse
fruits (*m. pl.*)	Obst
fumer	rauchen
gâcher	verderben
gagnant (*m.*)	Gewinner
gagner (au loto)	(im Lotto) gewinnen
gant (*m.*)	Handschuh
garage (*m.*)	Garage
garde-robe (*f.*)	Garderobe
gare (*f.*)	Bahnhof
gâteau (*m.*)	Kuchen
gauche (à gauche)	links (nach links)
gendarme (*m.* + *f.*)	Polizist(in)
gendre (*m.*)	Schwiegersohn
gène (*m.*)	Gen
généreux (généreuse)	großzügig
genou (*m.*)	Knie
gens (*m. pl.*)	Leute
glace (*f.*)	(Speise-)Eis
glaçon (*m.*)	Eiswürfel
gomme (*f.*)	Radiergummi
goût (*m.*)	Geschmack(ssinn)
goûter	kosten, probieren
grâce à	dank
grain (*m.*) (de café)	(Kaffee-)Bohne
grand	groß
grand-mère (*f.*)	Großmutter
grand-père (*m.*)	Großvater
grands-parents (*m. pl.*)	Großeltern
gratte-ciel (*m.*)	Wolkenkratzer
grave	schlimm
grêle (*f.*)	Hagel
grenier (*m.*)	Dachboden
grenouille (*f.*)	Frosch
grève (*f.*)	Streik
gris	grau
gros (grosse)	dick; groß (99)
grossier	grob
grotte (*f.*)	Höhle
guerre (*f.*)	Krieg
guirlande (*f.*)	Girlande
habiter	wohnen
habitude (*f.*)	Gewohnheit
haut	hoch
Hercule	Herkules
héros (*m.*)	Held
heure (*f.*)	Stunde
heure (*f.*) du thé	Teezeit
heureux (heureuse)	glücklich
hibou (*m.*)	Eule
hier	gestern
hirondelle (*f.*)	Schwalbe
hiver (*m.*)	Winter
homme (*m.*)	Mann
hôpital (*m.*)	Krankenhaus
horloge (*f.*)	Uhr
huile (*f.*)	Öl
ici (par ici)	hier (hierdurch)
idée (*f.*)	Idee
identique	identisch
Il est ... heures.	Es ist ... Uhr.
Il est midi/minuit.	Es ist zwölf Uhr Mittag/Mitternacht.
Il est une heure.	Es ist ein Uhr.
Il fait chaud/froid.	Es ist warm/kalt.
il y a	es gibt; es findet/finden statt; es befindet/befinden sich
Il y a du brouillard.	Es ist neblig.
illégal	illegal
illogique	unlogisch
immoral	unmoralisch
imparfait (*m.*)	Imperfekt
impatient	ungeduldig
imperméable (*m.*)	Regenmantel
impliqué	beteiligt
impoli	unhöflich
important	wichtig
impulsif (impulsive)	impulsiv
incapable	unfähig, ungeschickt
incident (*m.*)	Vorfall
Indien	Inder
indiquer	angeben
infirmier (*m.*)	Krankenpfleger
influent	einflussreich
infusion (*f.*)	Kräutertee
ingénieur (*m.*)	Ingenieur

inhabituel	ungewöhnlich
insatisfait	unzufrieden
insipide	geschmacklos
insomnie (*f.*)	Schlaflosigkeit
intelligent	klug
intention (*f.*) (avoir intention)	Absicht (vorhaben)
interdiction (*f.*) de stationner	Halteverbot
interdit	verboten
intéressant	interessant
intervention (*f.*)	Einsatz
interviewer	interviewen
inviter	einladen
irrégulier (irrégulière)	unregelmäßig
Italien(ne); italien(ne)	Italiener(in); italienisch
jaloux (jalouse)	eifersüchtig
jamais	nie
jambe (*f.*)	Bein
jambon (*m.*)	Schinken
janvier (*m.*)	Januar
jaune	gelb
Jésus	Jesus
jeter	werfen
jeudi (*m.*)	Donnerstag
jeune	jung
jouer (à)	spielen
jouets (*m. pl.*)	Spielsachen
joufflu	pausbäckig
jour (*m.*)	Tag
journal (*m.*)	(Tages-)Zeitung
journée (*f.*)	Tag
Joyeux anniversaire.	Alles Gute zum Geburtstag!
Joyeux Noël !	Frohe Weihnachten!
juillet (*m.*)	Juli
juin (*m.*)	Juni
jungle (*f.*)	Dschungel
jupe (*f.*)	Rock
jusque	bis
kidnapper	entführen
kidnapping (*m.*)	Entführung
kiwi (*m.*)	Kiwi
lacet (*m.*)	Schnürsenkel
laid	hässlich
laisser	lassen
lampe (*f.*)	Lampe
lance (*f.*)	Lanze
langue (*f.*)	Sprache (18); Zunge (37)
lapin (*m.*)	Kaninchen
large	weit, breit
lasagne (*f.*)	Lasagne
lavabo (*m.*)	Waschbecken
lave-linge (*m.*)	Waschmaschine
laver	waschen, spülen (46)
lave-vaisselle (*m.*)	Geschirrspüler
le meilleur (la meilleure)	der, die, das Beste
le plus grand nombre	die größte Anzahl
leçon (*f.*)	Unterrichtsstunde
lecteur (*m.*) CD	CD-Player
légal	legal
légende (*f.*)	Legende
lèpre (*f.*)	Lepra
lequel (laquelle)	welcher, -e, -es
lessive (*f.*)	Waschmittel
lettre (*f.*)	Brief (77, 87), Buchstabe (41)
lever (se lever)	heben (aufstehen)
lèvres (*f. pl.*)	Lippen
liberté (*f.*)	Freiheit
libraire (*m.* + *f.*)	Buchhändler(in)
lieu (*m.*) (avoir lieu)	Ort (stattfinden)
lieu (*m.*) de naissance	Geburtsort
lièvre (*m.*)	Hase
limite (*f.*) de vitesse	Geschwindigkeitsbegrenzung
limonade (*f.*)	Limonade
lin (*m.*)	Leinen
lire	lesen
lisse	glatt
liste (*f.*)	Liste
lit (*m.*)	Bett
lit-double (*m.*)	Doppelbett
livre (*m.*)	Buch
loge (*f.*) du concierge	Portiersloge
logique	logisch
loi (*f.*)	Gesetz
loin	weit entfernt
long(ue)	lang
lorsque	als
loup (*m.*)	Wolf
luge (*f.*)	Schlitten
lui	er
lumière (*f.*) (du soleil)	(Sonnen-)Licht
lundi (*m.*)	Montag

lunettes (*f. pl.*) (pour lire)	(Lese-)Brille
lunettes (*f. pl.*) de plongée	Taucherbrille
lutter	(be)kämpfen
mai (*m.*)	Mai
maillot (*m.*) de corps	Unterhemd
main (*f.*)	Hand
mais	aber
maison (*f.*)	Haus
maisonnette (*f.*)	Häuschen
maître (*m.*)	Herrchen
maîtresse (*f.*)	Frauchen
malfaiteur (*m.*)	Übeltäter
malgré	trotz
malheureusement	leider
malmener	schlecht behandeln
manger	essen
manière (*f.*)	Art
manioc (*m.*)	Maniok *(Pflanzenart)*
manteau (*m.*)	Mantel
marc (*m.*) de café	Kaffeesatz
marche (*f.*)	Stufe
marché (*m.*)	Markt
marcher	(herum)gehen
mardi (*m.*)	Dienstag
mari (*m.*)	Ehemann
mariage (*m.*)	Hochzeit
marié	verheiratet
marin (*m.*)	Matrose
marmotte (*f.*)	Murmeltier
marron (*m.*)	braun (28); Esskastanie (85)
mars (*m.*)	März
marteau (*m.*)	Hammer
masculin	maskulin, männlich
match (*m.*)	Spiel
matelas (*m.*)	Matratze
matière (*f.*)	Material
matin (*m.*)	Vormittag, Morgen
matou (*m.*)	Kater
mauvais	schlecht
méchant	böse
mécontent	unzufrieden
médecin (*m.* + *f.*)	Arzt
mélancolique	melancholisch
mélanger	mischen
melon (*m.*)	Melone

même	der, die, das gleiche
mémoire (*f.*)	Gedächtnis
mer (*f.*)	Meer
mercredi (*m.*)	Mittwoch
mère (*f.*)	Mutter
meringue (*f.*)	Baiser *(Schaumgebäck)*
mériter	verdienen, wert sein
merveille (*f.*)	Wunder
mesure (*f.*) (être en mesure)	Maß (in der Lage sein)
météo	Wetter-
méthode (*f.*)	Methode
métier (*m.*)	Beruf
mètre (*m.*)	Meter
mètre (*m.*) carré	Quadratmeter
mettre (se mettre) (mis)	stellen (sich stellen); anziehen (83); bringen (92); ausstellen (108)
miauler	miauen
mien	meiner, -e, -es
milieu (*m.*) (au milieu)	Mitte (in der Mitte)
million (*m.*)	Million
mince	schlank; dünn
mine (*f.*)	Miene, Gesichtsausdruck
minette (*f.*)	Modepuppe
modalité (*f.*)	Modalität
moi	ich
moine (*m.*)	Mönch
moins (de)	weniger (als)
mois (*m.*)	Monat
moitié (*f.*)	Hälfte
moment (*m.*)	Augenblick
mon (ma)	meiner, -e, -es
monde (*m.*)	Welt
montagne(s) (*f.*)	Berg(e)
monter	steigen, hinaufsteigen (41)
montrer	zeigen
moral	moralisch
mordu(e) de	Fan (von)
mort (*m.*)	Toter
mot (*m.*)	Wort
moto (*f.*)	Motorrad
mou (molle)	weich
mouche (*f.*)	Fliege

moulant	enganliegend
moustache (*f.*)	(Schnurr-)Bart
moustique (*m.*)	Mücke
moutarde (*f.*)	Senf
mouton (*m.*)	Schaf
mouvement (*m.*)	Bewegung
muet	stumm
mur (*m.*)	Mauer
musique (*f.*)	Musik
nageoire (*f.*)	Flosse
nain(e)	Zwerg(in)
naissance (*f.*)	Geburt
naître	geboren werden
nationalité (*f.*)	Staatsangehörigkeit
né	geboren
ne ... ni ... ni	weder ... noch
ne ... pas	nicht
ne ... pas de	kein
ne ... plus	nicht mehr
ne ... que	nur
ne... jamais	nie
ne... rien	nichts
nécessaire	nötig
neige (*f.*)	Schnee
neiger	schneien
nénuphar (*m.*)	Seerose
neveu (*m.*)	Neffe
nez (*m.*)	Nase
niche (*f.*)	Hundehütte
nièce (*f.*)	Nichte
Noël	Weihnachten
nœud (*m.*)	Knoten
noir	schwarz
nom (*m.*)	(Nach-)Name
nombre (*m.*)	Zahl
nommer	(be)nennen
non	nein
non plus	auch nicht
nord (*m.*)	Nord(en)
nouilles (*f. pl.*)	Nudeln
nourrir (se nourrir)	ernähren (sich ernähren)
Nouvel An (*m.*)	Neujahr
novembre (*m.*)	November
nuage (*m.*)	Wolke
nuageux (nuageuse)	wolkig, bedeckt
nuit (*f.*) (la nuit)	Nacht (nachts)
numéro (*m.*) de téléphone	Telefonnummer
obtenir	erreichen
occasion (*f.*)	Anlass

occupé	belegt
océan (*m.*)	Ozean
octobre (*m.*)	Oktober
odeur (*f.*)	Geruch
odorat (*m.*)	Geruch(ssinn)
odyssée (*f.*)	Odyssee (Irrfahrt)
œuf (*m.*)	Ei
offre (*f.*)	Angebot
oignon (*m.*)	Zwiebel
on	man
on a besoin	man braucht
oncle (*m.*)	Onkel
opération (*f.*)	Operation
or (*m.*)	Gold
orage (*m.*)	Gewitter
orageux	gewittrig
orange	orange
ordinateur (*m.*)	Computer
ordonnance (*f.*)	Rezept
ordonné	ordentlich
ordre (*m.*)	Reihenfolge
oreille (*f.*)	Ohr
organisation (*f.*)	Organisation
origine (*f.*)	Ursprung
otage (*m.*)	Geisel
otarie (*f.*)	Robbe
ou	oder
Où ?	Wo?, Wohin? (25)
oublier	vergessen
oui	ja
ouïe (*f.*)	Hören *(Sinn)*
ours (*m.*)	Bär
outil (*m.*)	Werkzeug
ouvrier (*m.*)	Arbeiter
ouvrir	öffnen, aufmachen
ovale	oval
pacsé	in einer eingetragenen Lebenspartnerschaft lebend
pain (*m.*)	Brot
paisible	friedlich
paix (*f.*)	Frieden
pâle	blass
palme (*f.*)	Flosse
pantalon (*m.*)	Hose
pantoufles (*f. pl.*)	Pantoffeln
papier (*m.*)	Papier
papier-toilette (*m.*)	Klopapier
Pâques	Ostern
par	auf (10), von
par ici	hierdurch

parapluie (*m.*)	Regenschirm
parc (*m.*)	Park
parce que	weil
parents (*m. pl.*)	Eltern
paresseux (paresseuse)	faul
parfaitement	perfekt
parfum (*m.*)	Parfüm
parking (*m.*)	Parkplatz
parler	sprechen
parmi	unter
participe (*m.*) passé	Partizip Perfekt
partir (parti)	abfahren, abreisen (weggegangen)
partout	überall
pas (*m.*)	Schritt
pas du tout	überhaupt nicht
passage (*m.*)	Durchgang
passé composé	Perfekt
passer (se passer)	durchlassen (18, 105); durchgehen (65); verbringen (71) (geschehen)
passionné	leidenschaftlich
pâté (*m.*)	Pastete
paternité (*f.*)	Vaterschaft
patient	geduldig
patte (*f.*)	Pfote
pays (*m.*)	Land
pays (*m.*) d'origine	Herkunftsland
peau (*f.*) d'animal	Pelz
pêcher	fischen
pêcheur (*m.*)	Fischer
peigne (*m.*)	Kamm
peignoire (*m.*)	Bademantel
peindre	malen
peine (*f.*)	Mühe
pendant (que)	während
pendre	hängen
penser	denken
père (*m.*)	Vater
perfection (*f.*)	Perfektion
perfusion (*f.*)	Infusion
perle (*f.*)	Perle
Perrier	*französisches Mineralwasser*
perroquet (*m.*) (gris)	(Grau-)Papagei
personnalité (*f.*)	Persönlichkeit
personne (*f.*)	Person
personnel (*m.*)	Personal
peser	wiegen
petit	klein
petit déjeuner (*m.*)	Frühstück
petite-fille (*f.*)	Enkelin
peu (de)	wenig
peu de temps après	wenig später
peur (*f.*)	Angst
phare (*m.*)	Scheinwerfer
pharmacie (*f.*)	Apotheke
phonétique (*f.*)	Phonetik
photo (*f.*)	Foto
phrase (*f.*)	Satz
pièce (*f.*)	Münze
pied (*m.*) (à pied)	Fuß (zu Fuß)
piéton (*m.*)	Fußgänger
pigeon (*m.*)	Taube
piranha (*m.*)	Piranha
piscine (*f.*)	Schwimmbad
place (*f.*) en couchette	Liegewagenplatz
placement (*m.*) d'argent	Geldanlage
placer	anlegen
plage (*f.*)	Strand
plaindre (se plaindre)	bedauern (sich beklagen)
plainte (*f.*)	Klage
plante (*f.*)	Pflanze
plastique (*m.*)	Plastik
plein (de)	voll (mit)
pleurer	weinen
pleuvoir	regnen
plongée (*f.*)	Tauchen
pluie (*f.*)	Regen
pluriel (*m.*)	Plural, Mehrzahl
plus de temps	mehr Zeit
plus tard	später
pluvieux (pluvieuse)	regnerisch
poème (*m.*)	Gedicht
poétesse (*f.*)	Dichterin
poilu	behaart
point (*m.*) d'interrogation	Fragezeichen
pois (*m.*)	Erbse
pois (*m.*) (à pois)	Punkt (gepunktet)
poisse (*f.*)	Pech
poisson (*m.*)	Fisch
poisson-chat (*m.*)	Wels
poivre (*m.*)	Pfeffer
poivre et sel	grau meliert
poix (*m.*)	Pech
poli	höflich, nett
police (*f.*) (nationale)	(Staats-)Polizei

policier (*m.*)	Polizist
pomme (*f.*)	Apfel
pomme (*f.*) de terre	Kartoffel
pompe (*f.*)	Liegestütz
pont (*m.*)	Deck (29); Brücke (87)
population (*f.*)	Volk
portable (*m.*)	Handy
porte (*f.*)	Tür
porte (*f.*) de secours	Notausgang
portefeuille (*m.*)	Geldbeutel
portemanteau (*m.*)	Garderobe
porter	tragen (34, 47, 87, 92); anziehen (26); bringen (92)
porter plainte	Anzeige erstatten
portraits (*m. pl.*) de saints	Heiligenbildchen
poser	setzen, stellen, legen; anbringen
posséder	besitzen
possible	möglich
poste (*f.*)	Post(amt)
pou (*m.*)	Laus
poubelle (*f.*)	Mülleimer
poule (*f.*)	Huhn
poulet (*m.*)	Hähnchen; Huhn
pour	für
pour (+ Infinitiv)	um ... zu
Pourquoi ?	Warum?
poursuivre (poursuivi)	verfolgen (verfolgt)
poussette (*f.*)	Kinderwagen
pouvoir	können
précipitation (*f.*)	Niederschlag
préférer	vorziehen, bevorzugen
premier (première)	erster, -e, -es
prendre (pris)	nehmen; machen (92); fällen (110)
prendre son petit déjeuner	frühstücken
prendre un risque	ein Risiko eingehen
prénom (*m.*)	Vorname
près	nah
présent (*m.*)	Präsens, Gegenwart
presque	fast
presse (*f.*)	Presse
presse-citron (*m.*)	Zitruspresse
prétendre	behaupten

prévenir (prevenu)	benachrichtigen (benachrichtigt)
prévisions (*f. pl.*) météo	Wettervorhersage
prévu	vorgesehen
prière (*f.*)	Gebet
printemps (*m.*)	Frühling
prise (*f.*)	Fang
prix (*m.*) (de base)	(Grund-)Preis
problème (*m.*)	Problem
professeur (*m.*+ *f.*)	Lehrer(in)
profession (*f.*)	Beruf
promenade (*f.*)	Spaziergang
promener (se promener)	spazieren (spazieren gehen)
promouvoir	fördern, einsetzen
pronom (*m.*)	Pronomen, Fürwort
prononcer	aussprechen
proposer	anbieten; vorschlagen
proposition (*f.*)	Angebot
propre	Eigen-, eigener, -e, es
propriétaire (*m.*+ *f.*)	Besitzer(in)
protagoniste (*m.* + *f.*)	Protagonist(in)
protéger	schützen
prouver	beweisen
provenir de	kommen aus
prune (*f.*)	Pflaume
puant (puer)	stinkend (stinken)
public	öffentlich
puis	dann
pull (*m.*)	Pullover
putois (*m.*)	Iltis
pyjama (*m.*)	Schlafanzug
quand	wenn (53 VP, 76, 86); als (71, 72)
Quand ?	Wann?
quart (*m.*)	Viertel
que	als (17 VP), der, die, das
Que ? (Qu'est-ce que)	Was?
Quel ? (Quelle ?)	Welcher, -es, es?; Was für ein ... (41, 54, 89)
Quelle barbe !	Wie langweilig!
quelque	einige, ein paar
quelques pas (*m. pl.*)	ein paar Schritte
quelqu'un	jemand

question (*f.*)	Frage
Qui ?	Wer?
qui sait (si)	wer weiß (ob)
quiche lorraine (*f.*)	Quiche Lorraine *(Lothringer Specktorte)*
quitter	verlassen
radar (*m.*)	(Geschwindigkeits-)Messgerät
radio (*f.*)	Radio
raisin (*m.*)	Trauben
raison (*f.*)	Grund
rançon (*f.*)	Lösegeld
rat (*m.*)	Ratte
ravisseur (*m.*)	Entführer
rayon (*m.*) (du soleil)	(Sonnen-)Strahl
rayures (horizontales) (*f. pl.*)	(Quer-)Streifen
réaliser	verwirklichen
réaliste	realistisch
récépissé (*m.*)	Quittung
recette (*f.*)	*hier:* Hausmittel
réchauffer (se réchauffer)	wärmen (sich wärmen)
rechercher	suchen
récolter	ernten
record (*m.*) (du monde)	(Welt-)Rekord
récréation (*f.*)	Pause
reculé	abgeschieden
regarder	(an)schauen
regarder la télévision	fernsehen
région (*f.*)	Gegend
règle (*f.*)	Lineal (1); Regel (106)
régulier	gleichmäßig, regelmäßig
relation (*f.*)	Beziehung
remarquer	bemerken
remise (*f.*) en liberté	Freilassung
remplir (rempli)	füllen (gefüllt)
rencontrer	begegnen, treffen
rendez-vous (*m.*)	Termin
rendre (se rendre)	zurückgeben (sich begeben)
renifler	schnüffeln
rentrer	zurückkommen
répandre	verbreiten
repasser	bügeln
respecter	beachten
responsabilité (*f.*)	Verantwortung
restaurant (*m.*)	Restaurant
rester	bleiben
retard (*m.*)	Verspätung
retraité(e)	Rentner(in)
retroussé	Stups-
retrouver	wiederfinden
réunion (*f.*)	Sitzung
réussir (réussi)	gelingen (gelungen)
réussir un examen	eine Prüfung bestehen
révéler	aufdecken
revenir (revenu)	zurückkommen (zurückgekommen)
rêver	träumen
rêver à	nachsinnen über
rhume (*m.*)	Schnupfen
rideau (*m.*)	Vorhang
rien (ne ... rien)	nichts
risque (*m.*)	Risiko
risquer	riskieren
rivalité (*f.*)	Rivalität
rivière (*f.*)	Fluss
robe (*f.*)	Kleid
robe (*f.*) de chambre	Morgenmantel
rocher (*m.*)	Fels
roi (*m.*)	König
roman (*m.*)	Roman
rose	rosa
roue (*f.*)	Rad
rouer de coups	verprügeln
rouge	rot
rouler	fahren
route (*f.*)	Straße
rue (*f.*)	Straße
rugueux (rugueuse)	rau
sabot (*m.*)	Holzschuh
sac (*m.*) de voyage	Reisetasche
sac-à-main (*m.*)	Handtasche
s'accorder avec	sich richten nach
sachant	*hier:* der ... kann
sachet (*m.*)	Beutel
sain	gesund
saint (*m.*)	Heiliger
salade (*f.*)	Salat
salaire (*m.*)	Lohn
salarié (*m.*)	Angestellter
sale	schmutzig
salé	salzig
salle (*f.*)	Zimmer

salle (*f.*) à manger	Esszimmer
salle (*f.*) de bains	Badezimmer
salmonelle (*f.*)	Salmonelle
salon (*m.*)	Wohnzimmer
samedi (*m.*)	Samstag
sandale (*f.*)	Sandale
sandwich (*m.*)	belegtes Brötchen
sans	ohne
s'appuyer	(an)lehnen
satisfait	zufrieden
sauce (*f.*)	Soße
saucisson (*m.*)	Salami
savates (*f. pl.*)	Hausschuhe
savoir	wissen (83); können (75 VP)
scientifique (*m.* + *f.*)	Wissenschaftler(in)
scolaire	Schul-, schulisch
sec (sèche)	trocken
sécher	abtrocknen
secours (*m.*)	Hilfe, Rettung
secret (*m.*)	Geheimnis
sécurité (*f.*)	Sicherheit
sédentaire	wenig Bewegung machend
séduisant	bezaubernd
s'effondrer	zusammenbrechen, einstürzen
sel (*m.*)	Salz
semer	säen
sens (*m.*)	Richtung
sens (*m.*) unique	Einbahn-
sentir (se sentir)	riechen; schmecken; spüren (sich fühlen)
s'entraîner	trainieren
séparé	getrennt lebend
septembre (*m.*)	September
serpent (*m.*)	Schlange
serrure (*f.*)	Schloss
service (*m.*)	Büro, Abteilung; Dienst
service après-vente (*m.*)	Kundendienst
serviette (*f.*) (de toilette)	Handtuch
serviette (*f.*) (en papier)	(Papier-)Serviette
s'étirer	sich recken und strecken
seul	nur
seule	eine einzige
seulement	erst
sexe (*m.*)	Geschlecht
si	wenn (25 VP, 111); ob (83, 84); so (93)
side-car (*m.*)	Beiwagen
siècle (*m.*)	Jahrhundert
siffloter	pfeifen
signification (*f.*)	Bedeutung
sinon	sonst
site (*m.*) Internet	Internetseite
situé	gelegen
ski (*m.*)	Ski
sociable	gesellig
sofa (*m.*)	Sofa
soif (*f.*)	Durst
soir (*m.*)	Abend
sol (*m.*)	Fußboden
soleil (*m.*)	Sonne
somme (*f.*)	Summe
somnolent	schläfrig
son (sa)	seiner, -e, -es; ihrer, -e, -es
sonner	klingeln
sorte (*f.*)	Art
sortie (*f.*)	Ausgang, Ausfahrt
sortir	(hin)ausgehen
soudain	plötzlich
souffler	wehen
souhaiter	wünschen
souhaits (*m. pl.*)	Glückwünsche
soupe (*f.*)	Suppe
soupirer	seufzen
sourcil (*m.*)	Augenbraue
sourd	taub
sous	unter
soutien-gorge (*m.*)	Büstenhalter
souvenir (*m.*)	Erinnerung
sport (*m.*)	Sport
sportif (sportive)	Sportler(in)
sports (*m. pl.*) d'hiver	Wintersportarten
station (*f.*) d'essence	Tankstelle
stationner	parken, halten
stature (*f.*)	Körperbau
steak (*m.*)	Steak
stimulant	anregend
stress (*m.*)	Stress
stylo bille (*m.*)	Kugelschreiber

sucer un bonbon	ein Bonbon lutschen
sucré	süß
sucre (*m.*)	Zucker
suffisamment	genug
suivant	folgender, -e, -es
sujet (*m.*)	Subjekt
superficie (*f.*)	Grundfläche
superhonnête	sehr ehrlich
superlatif (*m.*)	Superlativ *(höchste Steigerungsform)*
supermarché (*m.*)	Supermarkt
supporter	ertragen
sur	auf; über (93)
surfer (sur Internet)	(im Internet) surfen
surprendre (surpris)	überraschen (überrascht)
surprise (*f.*)	Überraschung
surveiller	bewachen
survêtement (*m.*)	Trainingsanzug
symboliser	versinnbildlichen
table (*f.*)	Tisch
tablier (*m.*)	Schürze
taille (*f.*)	(Körper-)Größe
taille-crayon (*m.*)	Spitzer
tante (*f.*)	Tante
tapis (*m.*)	Teppich
tard	spät
tarte (*f.*)	Kuchen
tasse (*f.*)	Tasse
tâter	fühlen
taureau (*m.*)	Stier
teint (*m.*)	Teint
téléphone (*m.*)	Telefon
téléphoner	anrufen, telefonieren
télévision (*f.*)	Fernsehen, Fernseher (22, 51)
température (*f.*)	Temperatur
temps (*m.*)	Zeit (17 VP, 67, 87, 103); Wetter (63, 64)
tendre	aufhängen
tenir (se tenir à)	halten (sich an etwas halten)
tenir compagnie	Gesellschaft leisten
tenir compte	berücksichtigen
tennis (*m. pl.*)	Turnschuhe
tennis (*m.*)	Tennis
terminer	aufessen
terrasse (*f.*)	Terrasse
terre (*f.*)	Erde
tête (*f.*)	Kopf
tête (*f.*) de mort	Totenkopf
têtu	dickköpfig
texte (*m.*)	Text
thé (*m.*)	Tee
thon (*m.*)	Thunfisch
tien	deiner, -e, -es
tique (*f.*)	Zecke
tiroir (*m.*)	Schublade
tison (*m.*)	Kaminglut
tissu (*m.*)	Stoff
titre (*m.*)	Überschrift
toast (*m.*)	Trinkspruch, Toast
toilettes (*f. pl.*)	Klo
toit (*m.*)	Dach
tomate (*f.*)	Tomate
tomber de la grêle	hageln
ton (*m.*)	Ton
ton (ta)	deiner, -e, -es
tôt	früh(morgens)
total	Gesamt-
toucher	Fühlen, Tasten *(Sinn)*
toucher	berühren
toujours	immer, ständig
tour (*f.*)	Turm
Tour (*m.*) de France	*frz. Etappen-Radrennen*
tour (*m.*) du monde	Weltreise
tournant (*m.*)	Kurve
tous, tout, toutes	alle(s) (29, 71, 76, 109); ganz (41, 76); jeder, -e, -es (68)
tousser	husten
tout au long	... über
tout le monde	jeder
tout le temps	immer, die ganze Zeit
traductrice (*f.*)	Übersetzerin
train (*m.*)	Zug
traîner	ziehen
tram (*m.*)	Tram(bahn)
tranquillement	ruhig
transformation (*f.*)	Zustandsveränderung
transparent	durchsichtig
transpiration (*f.*)	Schweiß
trapu	untersetzt

travail (*m.*) (*pl.* travaux)	Arbeit
travailler	arbeiten
traverser	überqueren
très	sehr
trésor (*m.*)	Schatz
tromper	betrügen
trop (trop tard)	zu (zu spät)
trou (*m.*)	Loch
trou (*m.*) de serrure	Schlüsselloch
trouver (se trouver)	finden (sich befinden)
tuer	töten
tumeur (*f.*) cervicale	Gehirntumor
un peu (de)	ein bisschen, etwas
université (*f.*)	Universität
urgence (*f.*)	Notfall
utilisé	benutzt
vacances (*f. pl.*)	Ferien, Urlaub
vache (*f.*)	Kuh
valeur (*f.*)	Wert
valise (*f.*)	Koffer
vaniteux (vaniteuse)	eitel
varier	wechseln
veau (*m.*)	Kalb
véhicule (*m.*) d'intervention	Einsatzfahrzeug
vélo (*m.*)	Fahrrad
vendeur (*m.*)	Verkäufer
vendre	verkaufen
vendredi (*m.*)	Freitag
venir	kommen
Venise	Venedig
vent (*m.*)	Wind
vente (*f.*)	Verkauf
vente (*f.*) aux enchères	Versteigerung
ventre (*m.*)	Bauch
verbe (*m.*)	Verb (Tätigkeitswort)
verbe (*m.*) réfléchi	reflexives (rückbezügliches) Verb
verbe (*m.*) transitif	transitives Verb *(mit einem Akkusativobjekt)*
véritable	echt, aufrichtig
verre (*m.*)	(Trink-)Glas
vers	gegen (zeitlich); in Richtung (örtlich)
vert	grün
veste (*f.*)	Jacke
vêtement (*m.*)	Kleidungsstück
veuf (veuve)	Witwer (Witwe)
viande (*f.*)	Fleisch
victime (*f.*) (d'un accident)	(Verkehrsunfall-) Opfer
victoire (*f.*)	Sieg
vider	(ent)leeren
vie (*f.*)	Leben
vieillir	altern
vieux (vieille)	alt
vif (vive)	wach
village (*m.*)	Dorf
ville (*f.*)	Stadt
vin (*m.*)	Wein
vinaigre (*m.*)	Essig
violet	violett
virer	hinauswerfen, feuern
vis (*f.*)	Schraube
visage (*m.*)	Gesicht
visiter	besichtigen
visser	zuschrauben
vitesse (*f.*)	Geschwindigkeit
vivre	leben
vocabulaire (*m.*)	Wortschatz
voie (*f.*)	Gleis (62, 66); Straße (66)
voilà	da
voir (vu)	sehen (gesehen)
voiture (*f.*)	Auto
voix (*f.*)	Stimme
volant (*m.*)	Lenkrad
voler	stehlen
voleur (*m.*)	Räuber, Dieb
volontiers	gerne
vouloir	wollen
voyage (*m.*)	Reise
vrai	richtig
vraiment	wirklich
vue (*f.*)	Sehen (Sinn)
y	dort
yeux (*m. pl.*)	Augen
zèbre (*m.*)	Zebra
Zidane	*französischer Fußballer*